BREIZH Café

BAIE DU MONT SAINT-MICHEL
モン・サン=ミッシェル湾

世界で最も風光明媚な地のひとつ、
モン・サン=ミッシェル。

CANCALE
カンカル

カンカルの町は、
フランス国立食文化評議会（CNAC）により、
《 傑出した味のふるさと選*》に
登録されている。
 * site remarquable du goût
  ＝シット・ルマルカーブル・ドゥ・グー

世界中巡るように運ばれている牡蠣、
その養殖場で有名なカンカル。
一年中、活気にあふれた港町。

BAIE DU MONT SAINT-MICHEL
モン・サン＝ミッシェル湾

海の光景；
それは、潮の満ち引きで、
たえず移ろいゆく
特別な光がおりなすパノラマ。

BAIE DE LA RANCE
ランス湾

自然の景観と
リンゴ園が守り封された
独自の風情がある。

<< 芸術と歴史の街 >> として優れた、
サン=スリアック (Saint-Suliac) は、
フランスで最も美しい、
趣のある村のひとつ。

CHAMP DE SARRASIN　ソバ畑

Original title:
BREIZH CAFE 60 RECETTES AUTOUR DES PRODUIS DU THE BRETON TERROIR
Bertrand Larcher

Conception graphique et réalisation : **BABYLONE**19
Photographies © Marie Pierre Morel, sauf page 14 © Philippe Érard

© 2014 Éditions de La Martinière, une marque de La Martinière Groupe, Paris.
ISBN : 978-2-7324-6377-3
Connectez-vous sur : www.editionsdelamartiniere.fr

Tous droits d'adaptation et de reproduction,
sous quelque forme que ce soit, réservés pour tout pays.

BREIZH CAFE

60 RECETTES AUTOUR DES PRODUITS DU **TERROIR** BRETON

BERTRAND LARCHER

ブレッツ カフェ

ベルトラン ラーシェ

SOMMAIRE

概要

INTRODUCTION 15
前書き

PRODUITS PHARES DU TERROIR BRETON 18
ブルターニュ地方の主要な食材

POUR UNE BONNE GALETTE 39
美味しいガレットを作るために

PÂTE À GALETTES 40
ガレット生地

PÂTE À CRÊPES 42
クレープ生地

ENTRÉES 44
前菜

GALETTES DE SARRASIN 76
ソバ粉のガレット

CRÊPES DESSERTS 136
デザートクレープ

ANNEXES 170
付録

MONT SAINT-MICHEL
モン・サン＝ミッシェル

INTRODUCTION

PAR BERTRAND LARCHER

前書き：ベルトラン ラーシェ

　ブレッツカフェを知っていただくために、まず私の生い立ちをお話したいと思います。
　ブルターニュ東部のフジェール近郊の農場で生まれた私は、酪農、養豚、養鶏、野菜栽培やヤギなどの飼育をする両親のもと、いつも自給自足に近い暮らしの中で育ちました。食について生活から学んできた私は、自ずと料理を作ることを仕事にしたいと思うようになります。
　フランス国立ディナールホテル学校卒業後、カクテルバーとレストランで有名な「ハーリーズ・バー」のジュネーブ店で働き、経営者のベア・シュミッド氏から接客や経営、そして厳格な仕事の仕方について学びました。やがて、彼が経営する日本食レストランの経営を任されるようになったのですが、そこで、ある日来店した日本女性と知り合います。彼女こそ将来の伴侶となるわけですが、このことが自分のキャリアにとって大きな転機となりました。彼女の転勤で東京に行くと、カルチャーショックもそうですが、特に、料理文化がフランスとは大きく異なることに驚きました。今では、日本語が自然に口から出るようになりましたが、１日８時間の集中授業で日本語を学んだ当時のことは忘れられません。次第に、日本の生活にも慣れて街を探索しているうち、東京には、フランスのようなクレープリーがないことが分かりました。そこで、1996年、最初のクレープリーである「ル・ブルターニュ (Le Bretagne)」を、神楽坂に開店しました。付加価値を付けたダイナミックなメニューで、「クレープ・オートルモン (La crêpe autrement)」、すなわちクレープの新しい可能性を求め、美味しくかつシンプルに、"誰にでも手の届くブルターニュ"を感じてもらえる店を目指しました。

　日本で３軒のクレープリーを開店した後、郷里のブルターニュでも自分の実力を試したいと思い、2002年、フジェールで「クレープリー・ティ・ヴァ・ブロ (Crêperie Ti Va Bro)」を開きます。
　ブルターニュ特産物の価値を再発見してもらうべく、シードルなどを豊富に取り揃え、その土地で最高のものを追求していくという、仕事の指針を明確にしてきました。その後、店をカンカルに移転し、"ブルターニュのカフェ"という意味を込めて「ブレッツカフェ (Breizh Café)」と名付けました。その進化したクレープリーは日仏各地に店舗を広げています。

ブルターニュと日本において、私のテーマとしている、素材のマリアージュにおける決定的要素は〝ソバ〟だと考えます。日本で〝お蕎麦（麺）〟に出会ったことは大きな驚きでしたが、如何に昔から日本でソバが愛されているかを理解し、納得をしました。シードル、リンゴ、豚肉、バターとともにソバを提供する〝ガレット〟を紹介しようと店を開いたわけですが、ソバそのものが、もっとすごい存在であることを日本が教えてくれたのです。ソバの持つ繊細さ、奥深さ、味わいそのものが明らかになり、私とは切り離せないものとなりました。

　私の原動力は、何よりも食べることにあります。農家では、食材の本質をシンプルに、しっかりと味わいます。食材の質が大切とされているのです。私たちは、生産者を尊敬してきた暮らしを通じ、彼らの仕事から謙虚さを学びました。その謙虚さがあってこそ、私たちブレッツカフェの料理が存在するともいえます。生産者との関わりはブレッツカフェへのよい刺激となり、店が「食材のストーリーを皆様に伝える媒体」である役割をますます認識させられます。ブレッツカフェは、ただのクレープリーであるだけではない、つながりを分ち合える場所でもあります。これは常に変わらず、これからもそうであり続けるでしょう。
　上記はブレッツカフェが持つ3つのエスプリのひとつですが、2つ目もやはり「つながりを共有する」ことです。〝ブルターニュ〟と〝日本〟の出会いから培ったブレッツカフェは、異なる文化からそれぞれ影響を受けています。特に食材においてはそれが顕著です。日本でもブルターニュでもソバを食します。列島から成る日本、半島に面しているブルターニュ、共に海に囲まれ、海産物も豊富です。日本とブルターニュの食材と調理法の出会いを、カンカルの和食レストランでもクレープリーでも、紹介出来るように努めています。
　3つ目は、〝大いに好奇心を持って楽しむこと〟であります。例えば、ブルターニュの特産品であるシードルは、今やフランスや日本はもとより、世界で新しい種類にいつでも出会うことが出来ます。また、ブレッツカフェの原動力は、世界中の新しい調和から生まれた味に出会うことです。私は幼少の頃から、その土地で作られる良質で新鮮な食べ物で育ててもらい、まがい物ではない、味の本質を知りました。この味覚の礎は、食材を厳選することにもつながっているのです。ブレッツカフェにおける新しい味の調和は、農家の入念な仕事ぶりと、そして日本人の綿密さから生み出されています。規律への敬愛ときめ細やかな配慮があるということは日本という国の特質であり、私は、それらを楽しみながら新しい味を追求していきます！

　ところで、なぜ、ブレッツカフェがカンカルに？　それはカンカルとサン＝マロの地域が、ブルターニュでも特別な場所であるから…。そこは、フランス北西部の食材の宝庫であり、牡蠣養殖家、漁師、野菜農家、家畜生産者、シードル醸造家…、素晴らしい食材と素晴らしい生産者が存在します。そしてそれは、私がよく知る場所であり、気候、光、豊かさと独特な気質がみなぎる場所でもあるから…。これがカンカルにブレッツカフェが存在する所以なのです。それに、ブルターニュとノルマ

ンディーの間に私が居るからというのも大きな理由です。<< 野暮な >> 飲み物としてあまりにも軽視されているシードルについて学び、その価値を高めるのに絶好の場所だからです。シードルがふさわしい地位に上がること、レストランのシードルメニューを豊富にすることが、最大の動機だったのです。まぁ、試してみてください！ シードルは多くのワインよりも、より天然な造りであり、樽や瓶の中でも熟成していく飲み物です。どのシードルも一つひとつに個性があり、他と似たものはありません。なんと可能性を秘めた飲みものなのでしょう！

でも、ブルターニュにはシードルしかないのか！ と思われますか？ もちろん他にもたくさんの特産物があります。ガレット（円形のサブレ菓子）、もちろんソバ、土地の野菜、豚肉 ── ベーコン、アンドゥイユ、ソーセージ、ブーダン ── 、プレ・サレの仔羊、魚やその他の海の幸、牡蠣、バターと生クリーム…。ブルターニュは、ガレットを取り巻く魅力的な食材の宝庫です。

この一冊の中には、こうしたブルターニュの食材とともに、ひたすらガレットとクレープから成るレシピが集約されています。しかし、この本の本質は、ガレットやクレープだけの紹介にとどまるものではありません。ここには、ソバや小麦について私が提唱しているこの地方の魅力が詰められています。それは、私が幼少期に農家で過ごした時の体験、そこで食べていた美味しい食材、さらには冬の薪ストーヴやそこに漂う香など、目には見えないものまでも感じることのできるブルターニュのすべてなのです。ブレッツカフェの60のレシピは、店独自のタッチである、"日本とブルターニュ (nippo-armoricaine)" を融合させたものであり、ブルターニュと日本の食材に囲まれてきた私の歩みの集大成でもあるのです。そこから、伝統に沿いながらも新しいスタイルを取り入れた "ブレッツロール" と "アミューズガレット" が生まれました。また、良質の製品なくしてブレッツカフェはつくれません。ですから私がお勧めし、また私の愛好する食材や製品も本の中で紹介しています。

ブルターニュで最初のクレープリーを開いた時、実のところ、両親は喜んでくれたわけではありませんでした。いつかは親の仕事を受け継いでくれると望んでいた彼らは、高利で借金をして、地主から農場を買い、大変な苦労をして育ててくれ、「お前は、農業学校に行きなさい！」と言うのが父の口癖でした。しかし、農業の厳しさは幼い頃から見て来ていたので、この金銭的負担から逃れるために、出来るだけ早く自立したかったのです。私が郷里のフジェールにクレープリーを開店した時、「国立のホテル学校にお前を行かせたのは、クレープリーを開くためではないのに…」と母に嘆かれましたが、郷里の店も他の店と同様に、成功へと導くことができました。農家にこそならなかったものの、私はこのブルターニュの大地にしっかり根づいた魂を持ち続けています。それはこれからも変わることはありません。ただその手段が違うだけであって、私の両親や祖先と同じ気持ちを持って仕事と向き合っています。

PRODUITS PHARES
DU TERROIR BRETON
ブルターニュ地方の主要な食材

ブルターニュの地方の多彩なグルメ食材には、
誰もが思い浮かべる、シードル、有塩バター、シュシェン（ハチミツ酒）、
ソバ、サーディン、牡蠣、蟹、レ・リボ、
少し意外なもので、シェーヴル（チーズ）、鴨、
キュレ・ナンテ（チーズ）、ハチミツやコンフィチュールなどがあります。
これらの食材や製品について語る価値も、
実際に取り入れてみる価値もあるものばかりです。
紹介するこれらの食材の中に、ひとつだけブルターニュの
特産でない物に気が付かれると思います。
それはゆず、繊細な風味を持つ、私の大好きな日本の柑橘です。
<異文化を取り入れた>クレープシュゼットで登場します。

CHAMP DE SARRASIN
ソバ畑

Le beurre renforce les saveurs ; c'est un exhausteur de goût.
En Bretagne, on n'utilise pas d'huile d'olive : on utilise du beurre.
Et on aime le manger cru. Il est salé, toujours salé : c'est une spécificité bretonne.

風味を豊かにしてくれるバター、それは味覚の滋養強壮"材"。ブルターニュでは、オリーヴオイルではなく、バターを使います。我々ブルターニュ人は、生乳から作るバターが好きです。バターは有塩、有塩バターに限ります。これこそがブルターニュなのです。

LE BEURRE バター

　私の父は、ホルスタイン種の牛が大嫌いでした。幼少期の我が家の農場には、ノルマンディー種のように、この土地ならでの様々な品種の牛を飼育していましたが、ホルスタイン種（この黒白の斑柄の乳牛は、生産性のために改良され、大量飼育と集約的酪農のシンボル的存在）の鳴き声を、我が家の家畜小屋から聞くことは決してなかったのです。美味しいバターを作るには、美味しい牛乳が必要不可欠です。ブルターニュ土着の牛である —— 足先の黒いブルトン種、フロモン・ドゥ・レオン種 ——、さらにノルマンディー種やジャージー種のような近隣の牛は、上質で濃厚な風味のミルクで、それにより質のよいバターを作り出しています。

　バターは食材の風味を引き立てる、言わば、味覚の滋養強壮"材"と言えるでしょう。ブルターニュでは、オリーヴオイルを使うことがなくバターを使います。それに、私たちは、生乳から作られるバターが好きです。バターは有塩、有塩バターに限る、これこそがブルターニュなのです。まだ冷蔵庫がない時代、バターに塩を添加することは、保存のためだったのですが、現在は、味のために加えられています。私たちブルターニュ人は、有塩バターなしで考えられません。ジャガイモ、ガレット、クレープに、何にでも付けます。—— 焼きたての美味しいパンに有塩バターとアプリコットジャム ——、この決定的な組み合わせをまだ味わったことがない人は、すぐにでも試してみてください。甘味の中のちょっとした塩味は、ブルターニュ食文化の歴史をひもとく鍵のひとつです。20世紀に、キブロンの町で、バターキャラメルの誕生を導いた『彼』以外の誰かを知っていますか？ いつか、すべてのお菓子が有塩バター味になる日が来るかもしれません。

　開店当初からブレッツカフェは、サン＝マロで乳製品販売、加工をしている、ジャン＝イヴ・ボルディエ氏と仕事を共にしています。質のよい乳製品、素晴らしい有塩バターや風味を加えたバターを扱っています。ボルディエのバターは、口の中に広がるしっかりとした風味が格別です。それは、私が子供の頃に食べていたバターを思い出す風味なのです。私の叔母はエピスリー（食料品店）を営んでいて、毎週木曜日になると10kgのバターの塊を仕入れ、ボウル片手に来店する近所の住人に販売していました。そのバターには濃い黄みを帯びた、牧草や花の香りがする独特な風味がありました。

　クレープやガレットの味のアクセントに、風味バターも使います。もし、ソバの風味と山海の風味を調和させるのであれば、私には2つの方法があります。ワカメを入れた蕎麦（日本蕎麦麺）を作るか、あるいは海藻入りのボルディエバターをたっぷり使い、パリパリに焼き上げたガレットを作ります。バターには、香りを広げ、風味を高める力があるのです。やはりバターはかけがえのない存在です。

LE CARAMEL AU BEURRE SALÉ 塩バターキャラメル

　今やブルターニュの名産品と言ってもよい塩バターキャラメル。さまざまな形が取り入れられたキャラメル菓子が、1950年代の中頃、キブロンの町で発売されました。地元でニニッシュ（＝Niniches）と呼ばれる、細長い棒付きキャンディーや、サリドゥー（＝Salidou）と呼ばれるキャラメルペーストを作ったメゾン・ダルモリンヌ社。キャラメル菓子のパイオニア的存在であった創業者が、1946年、キブロンの海岸沿いに工房を構えたのが始まりです。さらに、C.B.S（＝Caramels au Beurre Salé）と言えば、アンリー・ルルーの塩バターキャラメル。いずれにしても、塩バターキャラメルは、完全にひとつの食材となりました。国民食なる存在のお菓子として根付き、クレープの上でも完全に溶け込んでいます。塩バターキャラメルの中には、生クリームが加えられているタイプもありますが、私たちは必ずしもそうではありません。生クリームは、キャラメルの苦味をやわらげ、まろやかにしてくれますが、私個人としては、少し焦げた風味のあるキャラメルが好きです。それは、子供の頃、リンゴにシードルと砂糖を加え、薪ストーヴでコトコト煮た時の香りを思い出すからなのかもしれません。お皿に残った美味しいキャラメルを舐めたいばかりに、子供たちの間で競い合っていたことは言うまでもありません。

PRODUITS PHARES DU TERROIR BRETON　ブルターニュ地方の主要な食材

LE CIDRE ET LA POMME　シードルとリンゴ

<< Viens boire un coup d'cid ! = シドで、一杯やろう！ >>

　このフレーズは、私のふるさとブルターニュ、ノルマンディーでも、お祭りが始まる時、友人たちと軽く一杯飲む時、あるいは、ボレ（シードル専用の陶製の器）でシードルを分け合う時に声をかける、合い言葉のようなものです。私の父は、農場でシードル造りもしていました。発酵が始まったリンゴの果汁を何杯も飲むと、必ずお腹が痛くなったことを思い出します。酵母菌を添加しない自然発酵によるシードル造りでしたので、時にはシードルの状態に思わぬ変化が生じることもありました。望んでいたようなシードルの香りにならないこともあったのですが、私たち家族は、その時々のありのままの仕上がりが好きでしたし、それを飲んでいました。やがて余ったシードルはカルヴァドスへとその姿を変えるのです。ノルマンディー地方に比べると生産量は少ないですが、私たちもカルヴァドスを造っています。酒樽で熟成後、蒸留して、ボンボンヌ（=bonbonne）と呼ばれる首の細い瓶の中で保存します。コーヒー色を帯び、熟成したカルヴァドスは、家族でのお祝いごとに登場します。

　開店当初より、ブレッツカフェにクレープリーとしての明確なスローガンがあるように、シードルバーにも、<< シードル・オートルモン（Le cidre autrement）>>、すなわち、シードルの新しい可能性を開拓し提供するというスローガンを持っています。シードルは、まだまだ二流の飲み物とみなされているようですが、気品、繊細さ、産地や原産国の幅広さと多種多様なシードルの価値がもっと強調されるべきでしょう。シードルと同様にポワレ（=poire/洋梨の発泡酒）、リンゴや洋梨をベースに作られる発酵飲料すべて、さらにはシュシェン（ハチミツ酒）の価値も提唱します。フランスと日本、ブレッツカフェのシードルリストには、20種類ほどを入れています。コントワール・ブレッツカフェのサン＝マロ店には、当店のソムリエである、カリーヌの厳選による約60種類のシードルが並べられています。フランス、バスク地方、スペイン、スイス、ドイツ、日本など、世界中で新しく登場するシードルやポワレを、常に探し求めようではありませんか！

　ブルターニュのシードルは、この地方の生物多様性が生み出した伝統資産です。ルジェ・ドゥ・ドル種(rouget de Dol)、ポー・ドゥ・シヤン種(peau-de-chien)、マリー・メナール種(marie-ménard)、ドゥース・モエン種(douce moën)、ギルヴィック種(guillevic)…など、300種類以上を数えるリンゴがあります。若い生産者たちは、旧品種のリンゴを再導入し、交配を試みています。中でもギルヴィック種は、ブルターニュのすぐれたリンゴで、栽培が徐々に増えており、単一種シードルの先がけともなっています。繊細で香り豊かな、甘味と酸味のバランスがとてもよいこのリンゴで作るシードルは、私達ブルターニュの"シャンパン"なのです。

　シードルは、2014年にようやく「フランス文化遺産」に登録されました。日本でもシードル造りを始める方も増えるなど、徐々にその価値が注目されているのですが、ブルターニュを含め、レストラン業界において、シードルやポワレが味わい謳歌されていないことをとても残念に感じています。ブルターニュのこの伝統資産が、なぜ支持されないのでしょうか？　シードルは熟成して蒸留され、洗練されたお酒にもなります。料理の中で素晴らしい結果をもたらしてくれます。シードルとのマッチングは、驚きと、型にはまらない、グルメな広がりがあります。例えば、まず、牡蠣に辛口シードルを合わせてみてください！

« Viens boire un coup d'cid' ! »

《 シドで、一杯やろう！ 》

PRODUITS PHARES DU TERROIR BRETON ブルターニュ地方の主要な食材

Il n'y a pas un cidre mais des cidres...

たかがシードル、 されどシードル、 シードルはさまざま…。

LE CIDRE SELON CARINE
SOMMELIÈRE EN CIDRES AU *COMPTOIR BREIZH CAFÉ* (SAINT-MALO)

コントワール・ブレッツカフェ(サン=マロ店)のシードルソムリエール、カリーヌによるシードルの話

　ブルターニュのシードルはより粗野で、ノルマンディーのシードルはよりフルーティと言われています。実際のところ、この世評は歴史によるところがあります。ブルターニュにおいて、シードルは長いこと生活の基本飲料(水代わりに飲んでいたもの)とされ、調整が難しい仕上がりや風味にムラが出てしまうような、作り手の経験だけを頼りに造られるような方法で発酵させていました。しかし、現在では、たとえ<<伝統製法>>と言われるシードルであっても、もっと丁寧な製法で造られるようになり、繊細な味が造り出されています。シードルの歴史は、長い期間に渡る伝統的な手造り製法と、戦後に台頭した工業製シードルからなります。一世代前の人たちは、祖父の時代にあったような味の安定しない手造りシードルの他には、画一された工業製のシードルの味しか知らないわけです。しかし、より質のよいシードル製品が出回るようになってからは、シードルに対する昔のような固定観念は払拭されました。ブルターニュでもノルマンディーでも、繊細で、力強く素朴でありながらも複雑な風味を持つシードルがあります。これは土壌、気候、季節の変化、そして、もちろん生産者のノウハウから造り出されるものです。特に、シードルの個性に影響を及ぼすオーク樽での熟成。シードルの骨格と複雑な香りを生み出し、また、わずかな酸化作用の手助けとなり得ます。エリック・ボードレ(=Éric Bordelet)やエリック・バロン(=Éric Baron——フィニステール県、ギマエックにあるシードル農園ケルヴェゲン)のシードルがまさにそのケースです。後者には、ヴァニラ香のあるシャンパンを思わせる銘柄カープ・ディエム(=Carpe Diem)が例に挙げられるでしょう。

　シードルという言葉は"唯一"にして、"一種類"にあらず、その種類にはさまざまなものがあります。フランス東部のシードルは、まろやかで、洗練された風味、ピュアな果実味があるのが特徴です。アルザス、そして日本においてもシードルはありますが、生食用リンゴを使ってシャンパンと同じ製法で作られています。ドイツのシードルは、繊細さがあり、造り込まれたタイプで、平均値よりもより甘め、さらに柑橘の風味があります。サヴォワ地方やスイスのシードルには、フレッシュ感とミネラル感がありますが、そのキリッとしたミネラル感は、ブルゴーニュのシードルのものよりまろやかです。この地方のグランクリュ白ワインを思い起こしませんか？ バスクのシードル(スペインのアストゥリアス州も含む、バスクはシードルの歴史の発祥地)は、発泡の少なさが際立ち、塩っぽく、アルコール度も高いタイプです。かなりドライなこのシードルは、万人向きではないかもしれません。

　どのタイプのシードルを選びますか？ より<<牧歌的>>な風味を好み、リンゴ農園の香り、少し野性的で粗さを感じるタイプを飲みたい場合は、辛口シードルが最適です。典型的な伝統シードルで、フエナン(=Fouesnant)のシードル、ノルマンディーのシド・ド・ラ・キュヴェ(=Le Cid' de la cuve)、バスクのシードルがそのタイプになります。よりデリケートなフルーティさとニュアンスのあるシードルがよければ、ギルヴィック種のリンゴをベースに作る、ブルターニュの単一種シードルがお勧めです。この本で紹介している、各クレープやガレットのレシピに合うシードルの中から、好みのタイプを見つけてください。かなり広範囲に渡り、リンゴと洋梨のお酒をご案内しています。

Le cochon 豚肉

L'ANDOUILLE　アンドゥイユ

　アンドゥイユは、ブルターニュ（とバス・ノルマンディー =Basse-Normandie）の食材の中において避けては通れないものです。特に豚とジャガイモで育った私には、これ抜きには過ごせません！ 子供の頃、アンドゥイユは、家族が営んでいる農場で作っていました。今は、サン＝マロのマルシェに出る、ジャン・ルパージュ氏のお店のものが気に入っています。すべて豚から成るこのアンドゥイユは、我々の地域にとって必要不可欠な生産物なのです。ゲメネ産のアンドゥイユとは違い、腸はざっくりと刻んで（ノルマンディーのヴィール産のものと同じ）、ベーコンと一緒に詰められ、断面は同心円状ではありません。しっかり栄養を与え、丁寧に育てた豚であれば、いやな匂いを放つこともなく、繊細な味があり、パリパリに焼いたガレットとよく合います。

LE BOUDIN FERMIER　農場の手作りブーダン

　この地方で最高に美味しい、ルパージュ氏が作るブーダンを紹介することが出来て光栄です。もちろん、彼のお店にある、その他の伝統的な豚肉加工品の美味しさも知っています。アンティル諸島のものであっても、バスクやベアルヌ地方（スペイン国境に近い、ピレネー＝アトランティック県の一部）のものであっても、ブーダンは、なめらかで、身質の締まった、しっかりと味付けされたものでなければなりません。冷製でも、温製でも、オーヴンやフライパンで焼いて食べてもよいのです。パリのオデオンにある、シェ・イヴ・カンデボード (=Chez Yves Camdeborde) で出されるブーダンのテリーヌが、とりわけ気に入っています。ブーダンの付け合わせには、理想的な相性のリンゴを添えますが、とりわけガレットと合わせると、美味しさはひとしおです。そんなわけで、"ブーダンのガレットとリンゴのキャラメリゼ"を、私たちのお店でも提供しています。とてもシンプルなものだけに、細かいところまで気配りをして作るガレット料理です。

LE LARD FERMIER　農場の生ベーコン

　ルパージュ夫妻は、サン＝マロのマルシェにスタンドを持ち、この地域で拠りどころとなるシャルキュティエール（豚肉加工職人）です。彼らのお店の商品は、純正で、新鮮で、味わい深い豚肉です。彼らは自身の農場を持っているので、動物の飼育からパテやテリーヌのような商品加工、さらにはブナの木を使った燻製作業に至るまで一貫した管理を行っています。ルパージュ夫人が話す、《 手塩にかけて育てた家畜 》、まさにその通りだと思います。ブレッツカフェのメニュー黒板にも載る、おなじみのシャルキュトリー店なのです。シャルキュトリーの話のついでに、ちょっとした秘密を打ち明けましょう。豚テールは、リエット（豚肉をラードでやわらかくなるまで煮て、ペースト状にしたもの）を作る際に、何よりも大事な部位です。もし、皆さんがリエットを作るとしたら、豚テールを忘れずに買ってください。小さい頃、農場で豚を屠殺した時、わんぱくな私たちは、美味しいしっぽを食べるために争奪戦になっていたことを思い出します。

LE MAGRET DE CANARD FUMÉ DE CHERRUEIX
シェーゥエ産の鴨のマグレ肉（胸肉）

　マグレ・ド・カナール（鴨マグレ肉）の産地と言えば、ブルターニュよりはむしろフランス南西部が思い浮かぶと思うのですが、ブルターニュでも、特にシェーゥエの鴨のマグレ肉は、質のよさで知られています。カンカル近くの海沿いにある村で、自然の中で元気に動き回る鴨を飼育する、この土地の生産者の仕事を私たちは尊敬しています。カナール・ドゥ・プレ＝サレ（塩味を含む草を食べて育った鴨）も少し生産されています。身の締まった肉質で、風味があり、軽くスモークされ、ほどよい塩味もあります。ソバ粉のガレットを引き立ててくれる、バランスのよい食材です。

LA SARDIN イワシ

≪"美味しいイワシは、まずいオマールエビに勝る"とスペイン、カタルーニャ地方のシェフ、フェラン・アドリアが言っていたといつも忘れないようにしなさい。≫ これ以上、何か言うべきことがあるでしょうか？ イワシは、ブルターニュ人だけにとっての特別な魚というわけではありません。風味、繊細さ、独特の身質において、すべての料理人にとっても万能な食材であります。イワシはどのような調理にも適していて、生でも、マリネ（漬ける）にしても、加熱しても、コンフィ（オイルサーディン）にしても美味しいのです。後者の調理法の場合は、まったく違ったものとなります。美味しいパンと美味しいバター、白ワイン一杯あるいはシードルと一緒に食べれば、他にはない味わいです。イワシをフォークで潰して、バターと混ぜ合わせ、焼いたガレットで巻けば、オイルサーディンが、ぐっと様変わりします。イワシのグリル料理は、ブルターニュのスペシャリテでもあり、ゆでたジャガイモを添えて食べます。これ以外のイワシ料理に加え、あまり知られてはいませんが、キブロンの町にあるルカー家のもとで作られる、薫製イワシがあります。私のお気に入りの食材のひとつであり、ジャガイモとの相性が抜群です。

LE SAUMON FUMÉ BIOLOGIQUE D'IRLANDE
アイルランド産オーガニックスモークサーモン

少し前まで、スモークサーモンはまだ贅沢品でした。しかし、1980年代に鮭が一般大衆化した頃、鮭そのものが高値な商品ではなくなり、手に入りやすくなったため、スモークサーモンの品質が、いつもよいものばかりとは限らなくなったのです。常に細心の注意を払いながら、手に入れるスモークサーモンの状態を、見極めることが重要となります。ブルターニュの専門職人が、アイルランドの海で育ったオーガニックサーモンを選び、海塩で漬け込んでから、ナラとブナの木を使う昔ながらの製法で燻製をかけています。他ではないスモークサーモンを、こうして手に入れることが出来るのです。

LE CRABE（TOURTEAU ET ARAIGNÉE） 蟹（トルトゥーとアレニェ）

カンカル周辺では、誰もがトルトゥー（ヨーロッパイチョウガニ）という蟹が好きですが、海岸あたりの常連さんには、アレニェ（ヨーロッパケアシガニ、蜘蛛カニ）と呼ばれる蟹の方がより好まれています。冬に獲れるアレニェは最高ですが、春は脱皮の季節で、この時期の蟹は、カンカル湾やモン・サン＝ミッシェル湾の名物です。アレニェは、特別な繊細さのある蟹で、ソバの風味との相性が最高です。日本で、甲殻類によく合う豆乳マヨネーズを、蟹に付け合わせると美味しいことを最近発見しました。

LE HARENG FUMÉ 薫製ニシン

安くて、手早く作れ、滋養ある、生タマネギを添えたジャガイモとニシン料理は、我が家の定番でした。鱈と同様、北海で獲れるこの魚は、ニューファンドランド島へ漁に行く漁師たちの歴史（カンカルには、新大陸へ冒険をした偉大な漁師たちがいた。）とは切り離せないつながりがあるのです。ブレッツカフェでは、身が厚くやわらかい、まろやかな風味のニシンの薫製を好んで使っています。乾きを避けるために、つなぎにする生クリームと、キャビアと同じ製法で作られたニシンの卵を、味のアクセントとして飾ります。これらすべての食材をジャガイモと一緒に合わせたのが、"燻製ニシンのガレット"。ブレッツカフェのスターガレットです。

LES HUÎTRES DE CANCALE カンカル産の牡蠣

かつて、天然で獲れていた牡蠣は、カンカルの町の歴史そのものでした。今日、カンカルの牡蠣生産者は、自然へ手助けする養殖というかたちで、牡蠣を育てています。ブレッツカフェは、サン＝ケルベール養殖場と信頼ある関係が続いており、フランソワ＝ジョセフ・ピショー氏とステファン・アロウム氏が産地銘柄牡蠣である"ツァースカヤ"を養殖し、私のレストランでも、特にサン＝マロにある、コントワール・ブレッツカフェのオイスターバーでは好んで使っています。肉厚で身が締まり、食感と繊細なヨード（磯の香り）の風味があり、苦味のまったくない、甘味のある牡蠣です。生で食べても、加熱にも適しています。職人の手造りによる銘柄のシードルやポワレが、この牡蠣には理想的ですが、オーソドックスにムスカデ（ロワール地域の辛口白ワイン）と合わせても、シュシェン（ハチミツ酒）でキュッと一杯飲んでもよいでしょう。

Les produits de la mer

海産物

PRODUITS PHARES DU TERROIR BRETON　ブルターニュ地方の主要な食材

La crèmerie 乳製品

LE LAIT RIBOT レ・リボ（発酵バターミルク）

これは、ブルターニュの典型的な乳製品です。レ・リボは、もともと、バターを作る際に残る副産物の脱脂乳にすぎませんでした。現在は、この脱脂乳を発酵させ、軽いとろみのある凝乳になっています。そのままドリンクとして飲んでも、料理に使うことも出来ます。冷製スープ、ソース、野菜サラダのヴィネグレット（ドレッシング）を作る時に入れたり、スムージーにして飲んだりします。レ・リボは、ブルターニュ人にとっての、幼少期が浮かぶ思い出の象徴です。料理との調和で最も美味しいもののひとつは、パリパリに焼いたガレットに合わせる、シンプルなものです。フレッシュ感と少しの酸味があるレ・リボは、バターをたっぷり使ってパリパリに焼いた生地とピッタリなのです。手に入らない場合は、スーパーなどでも出回っている、レ・リボに近いその他の発酵乳、たとえば、中近東のリバン（=Lben）、バターミルク、ロシアのケフィア（=kefir）などがあることも覚えておいてください。

LE CURÉ NANTAIS ET AUTRES FROMAGES BRETONS
キュレ・ナンテとブルターニュのその他のチーズ

ブルターニュにおけるチーズの歴史には、あまり特質すべきものはないのです。ずっと「バター王国」でありながら、伝統的なチーズ専門店がほとんどありませんでした。第二次世界大戦後、農業経営が集約農業になる中、私たちに必要な酪農業の活動がこの地域で発展していきました。とりわけ、<<フランス・エメンタール>>とフランスのスーパーで売られるチーズの代名詞とも言える<<グリュイエール・ラペ（おろしたグリュイエールチーズ）>>、ブルターニュ産チーズの大部分はこの2つとなります。しかし、プティ・ビリー（=Petit Billy）やキュレ・ナンテ（=Curé Nantais）のような、地方特産品を利用して作られるチーズもあります。ポルニック近隣のサン＝ジュリアン＝ドゥ＝コンセルの村で、1880年、ある司祭（キュレ）の助言のもと、生乳から作ったチーズの表面をミュスカデワインで洗ったウォッシュタイプのチーズが誕生しました。作られた当時は、"ル・レガル・デ・グルメ（=Le Régal des Gourmets）"と呼ばれていましたが、後に"キュレ・ナンテ"の名になります。現在は、酪農家のトリバラ氏によって製造されています。

LE CHÈVRE FRAIS フレッシュシーヴル

フレッシュのシェーヴルチーズは、私に子供の頃の記憶を呼び起こしてくれる食材で、農家の我が家でもわずかばかり作っていました。ブルターニュ地方には、随分後になって導入されたチーズです。ブルターニュの数人の酪農家は、質のよいシェーヴルチーズを作っていて、特に春になると、カンカルのマルシェでも手に入れることが出来るのです。フレッシュのシェーヴルチーズを少々、さらにシェーヴルのタルタルをガレットにのせる組み合わせは絶妙です。シェーヴルを食べる時、産地のハチミツを少し加えることも忘れないでください。

LA CRÈME DE FERME 農場の生クリーム

黄色みを帯び、コクがあり濃厚、なめらかで、程よい酸味、フランス西部に位置するこの地方の生クリームは、何も足したり引いたりしない、正真正銘の生クリームです。生クリームが原料であるバターと同じように、クリームそのものが牧草の香りや自然の豊かさを持ち合わせています。加工もしない、添加することもしない、伝統製法のクリームです。始めは白い液状で、自然に発酵し、数日すると黄色みを帯びて少し濃度がつき、その風味は、新鮮な魚やスモークした魚、野菜、デザートなどに添えられ、完全な調味料となる、とてもしっかりしたものです。バランスの取れた生クリームの風味は、食材をまろやかにも、コクをつけたりすることも出来るのです。

LES LÉGUMES FRAIS ET ASPERGES DE CHERRUEIX
新鮮野菜とシェーゥエ産のアスパラガス

　シェーゥエの土地は、モン・サン＝ミッシェル湾の対岸、カンカルと向き合う場所にあります。ブルターニュ内陸部に位置し、日照時間が長く、よい土壌に恵まれており、有機栽培も盛んなところです。砂地の土壌と強い海風を利用して、ジャガイモ、ニンジン、タマネギ、エシャロット、ポロネギなどを、多くの野菜農家が栽培しており、生産者から直接購入することが出来ます。シェーゥエのニンニクとアスパラガスは、正に評判の野菜です。

LA POMME DE TERRE DE SAINT-MALO　サン＝マロ産のジャガイモ

　両親の営む農場で、毎週食卓に上る料理がありました。周りにジャガイモをゴロゴロ置いた豚肉のローストです。この地方の人は、鋳物鍋の中で、たっぷりのバターと一緒に火を入れたジャガイモが大好物です。ソバの風味とも合う野菜です。しかし、なぜサン＝マロの地でジャガイモなのでしょうか？ それは、砂の混ざった地質にあります。この土壌に合った、この品種のジャガイモ（＝pomme de terre sable）は、海沿いの海洋性気候によって誕生し、この気候条件が美味しい根菜類を作り出しているのです。無論、新ジャガの美味しさは格別です。

L'OIGNON ROSÉ DE ROSCOFF　ロスコフ産のローズタマネギ

　丸く、締まった球、薄い皮で覆われ、鱗茎（食する部分）がピンク色のこのタマネギは、ブルターニュで唯一原産地呼称統制（AOC）を持っている特産品です。17世紀、ポルトガルから入って来た種が、レオン（かつての伯爵の領地）北東部の風土に適応しました。多目的なこのタマネギは、加熱にも生食にも向いています。長期貯蔵が可能で、加熱するとトロッとやわらかく、また香ばしくキャラメリゼするにも適しています。パリパリのガレットにのせれば、とろけるような美味しさです。1829年から、地域住民に"ジョニー（＝Johnnies）"という愛称で呼ばれていたロスコフのタマネギ商人が、英仏海峡を越えてイギリスへと売りに出始めました。綱で長く編んだロスコフのタマネギを積んで、イギリスのウェールズからシェットランド島まで、かつては自転車で運んでいたのが、今では、小型トラックでの運搬に変わったそうです。

LA POMME　リンゴ

　キャラメルについて話す時、母が薪ストーヴで煮てくれた、レネット種のリンゴのことがすぐに脳裏に浮かびます。母は、シードルと砂糖をリンゴにかけながら、美味しいキャラメル風味のシードルジュレをこしらえてくれました。我が家で収穫したリンゴは、干し草で覆って納屋の中で貯蔵していて、たとえ萎れても、レネット種のリンゴの美味しさは変わりません。私たち家族が食べるのは、このリンゴだけでした。母が作るこのデザートを除いて、タルトもあまり作ることはなく、どちらかと言えば、リンゴを入れたクラフティーのような簡単でシンプルなデザートでした。農場を営みながら、母がよく作っていた、バター風味のカトル・カール（パウンドケーキ）にもリンゴが少し入っていましたが、やはりいつもレネット種でした。

LE YUZU　ゆず

　中国原産の小ぶりの柑橘であるゆずは、日本で好まれている果実です。ここ数年、フランス人シェフによって世界にも出回り、一躍、流行の食材になりました。ただ私個人としては、過熱したブームのせいか、この柑橘本来のよさを見失っているように思います。ゆずには、他にはない、稀で繊細な香りがあります。その繊細な風味を傷つけてしまうようなぞんざいな扱い方や、どんなソースにも入れられてしまっているのが残念でなりません。もっと丁寧に扱うべき食材です。日本では、見極めながら加減して使われています。ゆずの皮を乾燥させて粉末にしたものを塩と混ぜた"ゆず塩"、トウガラシと混ぜてペースト状にした"ゆずごしょう"があります。ソース、キャンディー、ドリンク、リキュール、石けんや化粧品などの香り付けに使われてもいます。香りが劣化しないように常に注意して、ゆずの繊細さを保つことが大切です。

Le marché マルシェ

PRODUITS PHARES DU TERROIR BRETON　ブルターニュ地方の主要な食材

L'épicerie スパイス

LE CHOUCHEN シュシェン

　ブレッツカフェのさまざまな看板メニューの中から、美味しいブルターニュのハチミツ酒＝イドロメル(=hydromel)のひとつをお勧めしましょう。フィニステール県で特にポピュラーなハチミツのお酒ですが、私の住むブルターニュの北東部でも製造しています。何人もの養蜂家たちがこのお酒造りに力を注いで、ラニオン近隣にある、醸造所ドラゴン・ルージュ(=Cave du Dragon Rouge)でも造っています。辛口と甘口を製造しており、この近郊で購入することも出来ます。ドラゴン・ルージュのシュシェンは熟成した辛口で、大樽で寝かせて造られるのです。まるでワインのような際立った香りで、熟成したソーテルヌワインを感じさせる、香りの余韻が長いお酒です。よりクラシックなタイプは、醸造所ジュニー(=Jouny)の職人製法によるシュシェン、辛口と中辛口があります。このイドロメルは、ハチミツの香りが際立ち、洗練された味が残ります。

＊イドロメルはハチミツと水だけで造られる醸造酒だが、ブルターニュのイドロメル(シュシェンと呼ぶ)は、ハチミツにリンゴジュースやシードルを加えて造られる。

LE RHUM ET LES ÉPICES ラムとスパイス

　ブルターニュは、スパイスや外国のお酒との長年の交流があります。サン＝マロの商人のために、遠洋航海中の物々交換により手に入れたものが、長い時を経て、そのまま伝統として残されてきました。この時代の回想録にはたくさんの話が残っており、料理、お菓子や地方の飲料製品にその姿が現れています。サン＝マロから出発するラムロードヨットレース＊のことも思い出してみてください。町をちょっと探険してみると、ブルターニュのいくつかの港で、おそらくミステリアスなスパイス店に出会うと思います。航海時代から引き継がれているそれらのお店には、ラム酒、砂糖、シナモン、クローブ、コショウ、ジンジャー、キャトルエピス、諸国の珍しい食材やさまざまな香辛料が陳列棚にぎっしりと並んでいます。ブレストの町にあるコントワール・ケルジャン(=Comptoir Kerjen)や、カンカルの町にあるエピスリー・オリビエ・ロランジェ(=L'epicerie d'Olivier Roellinger)は、まさしくそれにあたり、航海時代の船乗りたちへのオマージュを捧げた、より新しいかたちのクリエーションなのです。

＊4年に1度開催される、ラム酒の貿易ルートを辿る、大西洋横断単独ヨットレースで、サン＝マロからカリブ海のグアドループまでを競う。

LES CONFITURES DE RAPHAËL ラファエルのジャム

　風味豊かで、純正かつ濃厚なこのジャムは、ブレッツカフェでも使われ、ブティックでも販売されています。このジャムにはあるエピソードがあります。とびきり美味しいジャムを作りたいと、同じ情熱を持つラファエルとセドリックの兄弟は、家族共同で小さな手作り工房を構えました。厳選した果物を、ショードロン(=chaudron)と呼ばれる銅製の大鍋で、手早く、高温で炊き上げ、果物の風味を損なわない短時間加熱製法で作られたジャムです。ラファエルとセドリックは、味を徹底的に追求し、試行錯誤しながらたえずその製法を進化させています。特に、レモンジャムは、とてもしっかりとした味で、料理にも取り入れやすいものです。つまり、ジャムの領域を越えたジャムです。もちろんのこと、このジャムはクレープにいつも美味しさをもたらしてくれます。

LES MIELS ハチミツ

　クレープ(ガレットも)とハチミツは、切っても切れない関係です。ブレッツカフェでは、数種類のハチミツが使われています。グルーアン岬のハチミツ(百花蜜)は、この自然環境で育つ多様性ある植物から集められたものです。リンゴの花のハチミツも好まれますが、とりわけ、ソバハチミツは人気です。風味が濃厚なソバの花の蜜は、蓋を開けると、すぐにバターを塗ったガレットにつけてみたくなります。活力を与え、疲労回復、ミネラル補給にすぐれたソバのハチミツは、かつて"パン・ドゥ・エピス"の主材料として使われていました。言うまでもなく、ハチミツはブルターニュのシンボル的存在です。

PRODUITS PHARES DU TERROIR BRETON　ブルターニュ地方の主要な食材

LE SARRASIN ソバ

　私を日本へと導いてくれた幸運は、ほんとうに偶然だったのでしょうか？
私が生まれた地方と同じような真のソバ文化を持つ、はるか遠い日本という恵まれた国で、新しい可能性を切り開く必然だったに違いありません。

　日本人は、ソバの実を挽いて麺（日本蕎麦）にして食べたり、ソバの実を煎ってお茶（蕎麦茶）として飲んだりします。蕎麦茶は、煎りソバの実のアンフュージョンとして、フランスのコントワール・ブレッツカフェで紹介しています。しかしながら、同じソバという食材でも、土地が変わればソバに違いがあります。ブルターニュのソバは蕎麦麺には向いていませんし、日本のソバはガレットには適していません。食感、風味、望むバランスを手に入れるために、アルプ種のソバの実を、ヴィトレの町にある製粉所"ムーラン・ドゥ・ラ・ファティーグ（= Moulin de la Fatigue）"の石臼で挽いてもらったソバ粉を使用しています。1870年に考えられた構造の粉挽きの機械で、今もフル回転で動き続けているみごとな場所です。私は、当初からIGP（フランス政府認定の地理的保護表示）を持つ、有機ソバ粉を使用し続けてきましたが、生産量はとても限られています。手間ひまかけて作られた生産物を前面に打ち出し、多くの人たちに伝えることは、食の品質向上に貢献することでしょう。

　ブルターニュ西部では、ソバは《 黒い麦 》と呼ばれていますが、穀物ではなくタデ科の植物であり、ブルターニュには中世から存在すると言われています。祖父母と父も栽培していました。1970年代は困難な時代で、耕地が整理統合され、ソバ栽培に適した小さな区画の畑が姿を消しました。10年ほど前から、栽培の再開が強く求められ、ブルターニュでのソバの復活が進んだものの、結果として、ソバは不足しているのが実情です。栽培者の取り組みを支援し、飲食業界を活性化するためには、より多くのソバが生産されるようにしていかなければなりません。ソバは環境への適応性があるので、生産が拡大すれば、誰もが求めやすい、もう少しリーズナブルな価格になるでしょう。痩せた土地でも、肥料なしでも、農薬を使わなくても育つソバ、このような植物は他にはありません。ソバには大事な栄養素があり、ビタミンB、タンパク質、カルシウム、銅、マグネシウム、マンガンが豊富に含まれています。蜂が集めるソバの花の蜜も同様で、さまざまな薬効のあるハチミツになるのです。グルテンは含みませんので、小麦アレルギー体質の方にとっては注目食品とも言えるでしょう。ソバの持つ素晴らしい風味は言うまでもなく、このように多様な角度から見ても、将来、ソバ粉の日常消費が顕著に伸びていくことは確かでしょう。

LE FROMENT 小麦粉

　小麦も、細部に渡る研究の対象となる食材です。小麦粉を使うクレープは小麦の品種により、味においても栄養の面においても違いが出るため、常に、昔ながらの品種の小麦を使うように努めています。ブルターニュで作られる有機の小麦粉を使用しています。規格品種の小麦よりも、有機の小麦の種子の方がよりもろいため、注意して丁寧に取り扱うようにしています。石臼で挽いて、クレープ生地を作る時には、機械を使わずに、手でこねるようにしています。

*Il a un goût extraordinaire : noisetté, acidulé, terrien, végétal, avec une très légère amertume...
Il croustille magnifiquement, et quand il devient doré, son goût est décuplé. Il vit une histoire d'amour avec le beurre, la pomme de terre, le lait ribot, le cochon, les produits de la mer. C'est le sarrasin, la petite graine autour de laquelle s'est construit Breizh Café.*

特別な香りがあるソバ。ヘーゼルナッツの風味、酸味、土っぽさ、植物の香り、そしてほんの少しの苦味も…。
パリパリした見事な食感、香ばしく焼けた時のその味は、美味しさ十倍。バター、ジャガイモ、レ・リボ、
豚肉、海の幸とも切り離せない存在です。ブレッツカフェを支えてくれる小さな種、それはソバなのです。

POUR UNE BONNE GALETTE

美味しいガレットを作るために

　まず、クレープ食文化を比較すると、オート＝ブルターニュ（ブルターニュ東部）、ガロ語が方言のこの地域では、《ソバ粉のガレット galette de sarrasin＝ガレット・ドゥ・サラザン》と呼び、生地はやわらかく、少し厚めのものが好まれ、ソバ粉100％で作られます。バス＝ブルターニュ（ブルターニュ西部）では、《黒い麦のクレープ crêpe de blé noir＝クレープ・ドゥ・ブレ・ノワール》と呼び、生地はより薄く、パリパリとしているものが好まれます。そのために少量の小麦粉と卵がひとつ入ります。

　私は、パリパリの食感とほどよいやわらかさもあるのが好みなので、試行錯誤をした結果、理想の味と食感を見つけることが出来ました。これぞまさしく、ブレッツカフェのガレットなのです。

　ブルターニュのガレットに必要なのは、まず良質のソバ粉。美味しい生地を焼くには、クレープ専用焼き器（ビリック＝bilic）、ラトー（＝râteau：日本ではトンボと呼ばれている）を使って薄く広げた生地を焼く、丸い鉄のプレートも必要です。そして、何より手早く焼き上げることです。このような細かい条件を述べると、読者の方は少し気後れして、道具や作り方のノウハウなしに、ブルターニュのガレットやクレープ作りにトライしてみようという意欲が少しなえてしまうかもしれません。

　そんな場合は、フライパンを使って大丈夫です。ただし、クレープ専用焼き器で焼いたものとは、もちろん仕上がりに違いはあります。フライパンで焼くと、専用器で焼いたものと比べ、少し厚みがあり、表面に焼きムラが出てしまいます。少なくとも、味は同じものが保証されます。すでに焼成されたガレットやクレープは、スーパーマーケットの冷蔵品売り場でも購入出来るので、それでも構いません。家庭で焼いたものより、風味や焼きたての美味しさに欠けますが、バターをたっぷり塗って、オーヴンでパリパリに温めれば、それも悪くはないのでは…？　レシピにも登場するアミューズガレットやブレッツロールを作るためならば、ためらわずにやってみてください。

　いずれにしても、クレープ作りに少しの投資と、キッチンにちょっとしたスペースを作ることで、お店のように焼けるガレットが、もう手の届かない存在ではなくなるのです。

　クランプーズ社 Krampouz（www.krampouz.com）は、昔から、プロ仕様のクレープ器製造を専門とする会社です。一般家庭向けのクレープ器（クレープメーカー）も作っています。ヒューズが飛ぶ問題を心配せずに、家庭のコンセントに繋ぎ、サーモンスタット機能が付いているので温度調節も可能です（ただし、プロ仕様のタイプは、電圧が高いので注意してください）。あとは、生地を上手に薄く広げることが出来るのか、という心配でしょうか？　クランプーズ社のいくつかのタイプには、必要な生地の分量が流せるように、ステンレス製の小さな（細長い三角形の）アタッチメントが付いているものがあります。熱したクレープ器の鉄板の上で、そのアタッチメントを回転させると、驚くことにガレット生地やクレープ生地が、スーッときれいに広がるのです！　これで、ブルターニュのガレットが家庭で作れない理由など、もう何もありません。

　しかし、このタイプ（家庭用のクレープ器）でガレットをうまく作るには、ソバ粉の一部を小麦粉に替えなければなりません。それは、ソバ粉だけの場合は、かなり高温（クレープ器を250℃に設定する）で焼く必要があるのですが、家庭用のクレープ器には、この温度の設定機能は付いていないからです。

PÂTE À GALETTES

ガレット約24枚分

石臼挽き有機ソバ粉　1kg
　電気式クレープ専用焼き器を
　使用する場合は、
　全体の10～20（最大）%の
　ソバ粉の代わりに
　小麦粉を加える。
浄水　1.5 L
ゲランド産の粗塩　30g

オプション

好みで生地にコクを出したい場合：
全卵1ヶと、生地の中に含気
出来るような炭酸水（ペリエ Perrier）
またはビール、シードルあるいは、
発酵飲料水すべて。
炭酸水、発酵飲料水は
レシピの水の分量から、
少量を代用して加える。

パータ・ガレット
ガレット生地

1 ソバ粉、1Lの水と塩を、空気をしっかり含ませるように手で混ぜながら、なめらかな生地にする。表面にぷくぷくした泡が出るくらい含気する。

2 生地がなめらかな均一の状態になったら、オプションの副材（全卵、炭酸水など）を加え、再度混ぜる。冷蔵庫に入れ、最低でも3時間、理想的には12時間休ませる。

3 翌日、残り0.5Lの水を加える。可能であれば、ガレットを焼く1時間前に生地を冷蔵庫から取り出しておく。生地は常温にしておくとよい。

ガレットを焼く

　クレープ専用調理器(Bilic)の焼き板(表面)は、しっかりと厚みのある鋼(はがね)の鋳物であること。

　表面に油慣らしをする時は、ラードを使用する。火通りをよくし、生地がクレープ器にくっつかないようにするためのちょっとしたコツでもある。卵黄1ヶ分にラードを少し加え混ぜ、クレープ器の表面に塗り広げると、付着するのを防ぐ効果がある。新品のクレープ器を慣らす別の方法として、卵黄12ヶ分をほぐし、焼き板の表面に流して焦げるまで焼く(この時、窓を開けておくことを忘れないように!)。

　クレープ器を十分に熱しておく。熱くなったら、鉄板の表面全体にラードを塗り、生地を流す。生地の量は、業務用クレープ器使用の場合150g、家庭用クレープ器使用の場合は100gが適量。

　ラトー(生地を広げる道具。日本だと"トンボ"とも呼ばれる)で生地を広げ、バターを塗る。具材を加えて1分待ち、生地を三角形または四角形(レシピに応じて)に折る。具材を入れたガレット1枚分の焼き時間は3分である。

　ガスに直接のせるタイプの小型のクレープ用鉄板(鋳物)を使用する場合も、プロセスは同じである。鉄板がしっかり熱くなったら、ラードを塗る。鉄板の直径に適した分量の生地を流し広げる:約80gが適量。

　フライパンまたは小型の家庭用クレープメーカーの場合は、さらに生地の量を減らす:50〜70gが適量。この場合は、**生地を折りたたまずに具材を加える**。熱を全体に広げ、火通りを早くするために**加熱中は蓋をしてもよい**。

PÂTE À CRÊPES

加熱時間:1分

クレープ約36枚分

全卵(有機卵) 12ヶ
きび砂糖 300g
小麦粉 1kg
　(ブルターニュ産の石臼挽き有機小麦)
牛乳 2L

オプション

ヴァニラ 1本
グラン・マルニエ 大さじ1
　=Grand Marnier=
　またはラム、
柑橘類の皮のすりおろし、
プール・ノワゼット(焦がしバター)
などを好みに加えてもよい。

有塩バター

パータ・クレープ
クレープ生地

1 まず、全卵ときび砂糖、少量の牛乳を手で混ぜ、その後、泡立て器で勢いよくかき混ぜる。小麦粉を加えたら、ゆっくり静かに混ぜる(もしダマがあってもかき混ぜないこと)。残りの牛乳を加えてシノワ(円錐形の漉し器)で漉す(ここで小麦粉のダマが取れる)。必要な場合は好みのオプションを加える。

2 ソバ粉の生地とは異なり、小麦粉の生地の場合は、休ませずにすぐに焼いてもよい。卵が入ることで、ガレット生地よりも生地の伸びがよくなる。

クレープを焼く

　ガレット生地の時と同様、クレープ器の温度を高温(250℃)にする。フライパンでも焼くことが出来る。小麦粉のクレープは、ソバ粉のガレットよりも薄く焼く。生地の分量は、業務用のクレープ器で100g、家庭用のクレープ器で60〜80g、フライパンで焼く場合は約50gが適量。流した生地をラトー(p41参照)で回し広げ、有塩バターをたっぷり塗る。焼き時間はガレットと同じように素早く行い、1枚のクレープで2分。

ENTRÉES

前菜

この章で紹介する"ガレットロール・アペロ"、
"アミューズガレット"、"ブレッツロール"は、
お皿や木製プレート、石盤プレート（スレートボード）などに盛り付け、
アペリティフ（食事前の一口料理）やアミューズ・ブッシュ（一口おつまみ）
としてお勧めのガレットです。
みんなでつまみながら楽しむことが出来るこの料理スタイルは、
スペインのアペタイザーであるタパやお酒のおつまみからひらめいた
日本でとても人気が高い料理です。

SAINT=MALO
サン＝マロ

SOUPE DE SARRASIN

調理時間：15分
浸水時間：30分
加熱時間：約30分

◇◇◇◇◇◇◇◇◇◇◇◇◇

4人分

ポロネギ(白い部分)　60g
バター　10g
ベーコン　10g
ソバの実　30g
鶏のブイヨン　200ml
牛乳　180ml
生クリーム　300ml
ソバの実のスフレ　3g
（右記のリード文参照）
パセリのみじん切り
塩、白挽きコショウ

ソバの実のスフレを作るには、まずソバの実を一晩水に浸します。翌日、ザルに上げて水気を切り、オーヴン用天板に広げて、100℃のオーヴンで3時間乾燥させます。完全に冷めたら、密閉容器に移して保存しておきます。

スープ・ドゥ・サラザン
ソバの実のスープ

1　ポロネギの白い部分を薄切りにして、冷水に30分さらしておく。その後、ザルに上げてよく水気を切る。バターを溶かした鍋で、ベーコンと一緒に中火で3分炒める。

2　鶏のブイヨンを加え、一度沸騰させ、弱火にして煮詰める。

3　油をひかないフライパンで、ソバの実をから煎りする。ソバの実の色が少し変わり、香りが立ってくるまで煎る。ポロネギとベーコンを煮ている鍋の中に加え、弱火で15分煮る。

4　フードプロセッサーまたはステックミキサーで、なめらかな状態になるまで撹拌する。

5　出来たスープのベースに牛乳と生クリームを加え、塩で味を調える。コショウはたっぷりと効かせる。

6　4つのスープボウルにつぎ分け、ソバの実のスフレとパセリのみじん切りをちらす。

ACCORD PARFAIT

相性のよいシードル

*Cidre basque
Txalaparta
2010 de Jean-Yves
Perron.*

シードル・バスク・チャラパルタ・2010ドゥ・ジャン＝イヴ・ペロン

バスク産。
ドライフルーツの
より酸化熟成した風味を帯びた
マイルドなミネラル感が、
爽やかで個性的な極辛口。

ENTRÉES 前菜

調理時間：15分
加熱時間：20分

◇◇◇◇◇◇◇◇◇◇◇◇◇◇◇

4人分

ガレット・クルスティヤン
ソバ粉のガレット生地　150g
有塩バター[溶かす]　20g
　=ボルディエ Bordier=

白ゴマ風味の豆腐クリーム
豆腐　100g
クレーム・エペス*　25g
白練りゴマ　40g
グラニュー糖　7g
塩　5g

*クレーム・エペス：
[crème épaisse]
半固形状の発酵クリーム。
濃厚で、やわらかい酸味と
熟成風味がある。
脂肪分35～40%の濃厚クリーム。

BREIZH CROUSTILLANT

GALETTE SÈCHE (KRAZ), CRÈME DE TOFU AU SÉSAME BLANC

アミューズ・ブッシュ（一口おつまみ）やアペリティフ、または食事のスタートの軽い一品として提供出来る、とてもシンプルなレシピです。季節に応じて手に入るオーガニック野菜、例えばトマト、キュウリ、ニンジン、セロリなどを加えてもよいでしょう。このレシピは、日本の精進料理、菜食を日常とする僧侶が豆腐やゴマをいろいろと使いこなすことにヒントを得て作りました。食材の質がきわめて重要となります。

ブレッツ・クルスティヤン／ガレット・セッシュ、クレーム・ドゥ・トゥフ・オ・セザム・ブラン
ブルターニュ風パリパリガレット、白ゴマ風味の豆腐クリーム

1 オーヴンの予熱を180℃にする。

2 250℃に熱しておいたクレープ器でガレット生地を焼く。生地を流し、ラトーで回し広げる。バターを塗り裏返し、もう片面にもバターを塗り両面を焼く。12等分に切り分け、オーヴンに入れて、生地がしっかりクリスピーな状態になるまで15分乾燥焼きにする。

3 豆腐をザルに移し、ほとんどの水分が抜けるように丁寧に水気を切る。水気を切った豆腐をボウルに入れ、クレーム・エペス、練りゴマ、グラニュー糖、塩を加える。泡立て器で混ぜ合わせる。

4 お皿にガレットを盛り付ける。白ゴマ風味の豆腐クリームをお椀などの容器に移して添える。

ACCORD PARFAIT

相性のよいシードル
Éric Bordelet.
エリック・ボードレ
爽やかでフルーティ、
やさしい辛口のシードル。

調理時間：15分
冷蔵時間：1時間
加熱時間：3分

◇◇◇◇◇◇◇◇◇◇◇◇◇◇◇◇◇◇

2人分

ソバ粉のガレット生地　120g
サーモンバター　40g
シブレット　少々
　［粗く刻む］

サーモンバター（180g分）

有塩バター　75g
　＝ボルディエ Bordier ＝
　［室温に戻しておく］
スモークサーモン＊　100g
エシャロット　小さじ1
　［細かいみじん切り］
レモン汁　数滴

＊ スモークサーモン：[saumon fumé]
　（p28参照）

GALETTE ROULÉE APÉRO

SAUMON FUMÉ, CITRON, CIBOULETTE

ガレット・ルーレ・アペロ／ソーモン・フュメ、シトロン、シブレット

ガレットロール・アペロ、スモークサーモンとレモン、シブレット風味

1 サーモンバターを作る：バターを軽く練り、ダマのない均質な状態にする。スモークサーモンをミキサーにかけて細かくし、バターを加えてよく混ぜ合わせる。エシャロット、レモン汁を加えてさっくりと混ぜる。味をみて、必要であれば、塩とコショウで調える。

2 熱しておいたクレープ器の鉄板にガレット生地を流し、ラトーで回し広げる。具材は入れずに生地だけ焼き上げ、スパチュールで網の上に移して冷ます。ガレット生地に軽く湿らせた清潔なフキンをかぶせておく。

3 ガレット生地が冷めたら、サーモンバターをスパチュールで表面全体に薄く塗る。

4 隙間を作らないように生地をロール状にして、ラップフィルムを巻いて、ゆるまないようにしっかり締める。少なくとも1時間は冷蔵庫に入れておく。

5 ロール状にしたガレットを一口大に切り、切断面にシブレットをちらす。お皿に盛り付ける。

ACCORD PARFAIT

相性のよいシードル

Cidre de Bretagne, Florence Loisel.

シードル・ドゥ・ブルターニュ、
フロランス・ロワゼル

ブルターニュ産。
軽やかな辛口。
フローラル感と軽い泡立ち。

ENTRÉES 前菜

GALETTE ROULÉE APÉRO

BEURRE DE SARDINE, CITRON

調理時間：15分
冷蔵時間：1時間
加熱時間：3分

2人分

ソバ粉のガレット生地　120g
サーディンバター　40g
レモンの皮のすりおろし　少々

サーディンバター（120g分）
バター漬けサーディン(缶詰)　40g
有塩バター　75g
　[室温に戻しておく]
エシャロット　6g
　[みじん切り]
レモン汁　数滴
白挽きコショウ

サーディン・オ・ブール・バラット（バター漬けサーディン）は、フランスの缶詰で、"ラ・ベル・イロワーズ／La Belle-Iloise"というメーカーの製品です。その他のメーカーでも、良質のサーディン缶であれば代用可能です。

<small>ガレット・ルーレ・アペロ／ブール・ドゥ・サーディン、シトロン</small>
ガレットロール・アペロ、サーディンバターとレモン風味

1. **サーディンバターを作る**：バターを軽く練り、ダマのない均質な状態にする。缶から取り出したサーディンをミキサーにかけてピュレ状にして、バターを加えてよく混ぜ合わせる。エシャロット、レモン汁、コショウを加えて軽く混ぜ合わせる。味をみて調える。

2. 熱しておいたクレープ器の鉄板にガレット生地を流し、ラトーで回し広げる。具材は入れずに生地だけ焼き上げ、スパチュールで網の上に移して冷ます。

3. ガレット生地が冷めたら、サーディンバターをスパチュールで表面に薄く塗る。

4. 隙間を作らないように生地をロール状にして、ラップフィルムを巻いて、ゆるまないようにしっかり締める。少なくとも1時間は冷蔵庫に入れておく。

5. ロール状にしたガレットを一口大に切り、切断面一つひとつにすりおろしたレモンの皮をちらす。お皿に盛り付ける。

ACCORD PARFAIT

相性のよいシードル

Cidre Trabanco des Asturies.

シードル・トラバンコ・デ・アステュリ

爽やかさと塩味を含んだ極辛口シードル。微発泡タイプ。

調理時間：15分
加熱時間：3分

◇◇◇◇◇◇◇◇◇◇◇◇◇◇

2人分

ソバ粉のガレット生地　120g
プティサヴォワイヤー*　25g
　またはコンテチーズ [おろす]
有塩バター [溶かす]　15g
アンドゥイユ*　25g
　[細い棒状に切る]
マスタードバター　15g

マスタードバター (150g分)

有塩バター　100g
　＝ボルディエ Bordier＝
　[室温に戻しておく]
粒マスタード　50g
エシャロット　少々 (好みで)
　[細かいみじん切り]

*プティサヴォワイヤー：
　[petit savoyard]
　ローヌ＝アルプ圏 (サヴォワ地方)の
　セミハードのチーズ。クルミの風味。

*アンドゥイユ：[andouille]
　(p27参照)

ACCORD PARFAIT

相性のよいシードル

*Cidre brut
de Bretagne
traditionnel
de François Séhédic.*

シードル・ブリュット・
ドゥ・ブルターニュ・
トラディショネル・
ドゥ・フランソワ・セエディック

ブルターニュ産の辛口。
素朴な風味と軽い苦味、
最後にタンニンを感じる。

GALETTE ROULÉE APÉRO

ANDOUILLE, BEURRE DE MOUTARDE

アンドゥイユは、豚腸を主原料にその他の部位を腸詰めにして加熱したものです。ヴィール (ノルマンディー地方) 産またはゲメネ (ブルターニュ地方) 産と、お好みで選んでください。マスタードがアンドゥイユの個性的な風味をグッと引き立ててくれます。

ガレット・ルーレ・アペロ／アンドゥイユ、ブール・ドゥ・ムータルド

ガレットロール・アペロ、アンドゥイユとマスタードバター

1　マスタードバターを作る：バターを木ベラで軽く練り、ダマのない均質な状態にする。粒マスタードを加えてさらに練り混ぜる (香りよく仕上げるために、みじん切りのエシャロットを加えてもよい)。

2　熱しておいたクレープ器の鉄板にガレット生地を流し、ラトーで回し広げる。ガレットの表面が乾いてきたら、おろしたチーズをちらす。

3　アンドゥイユを加えて一緒にロール状に巻く。表面にバターを塗り、スパチュールでまな板の上に移す。

4　ロール状にしたガレットを一口大に切る。お皿に盛り付けて、マスタードバターを添える (写真は、輪切りにしたアンドゥイユを添えたもの)。

ENTRÉES 前菜

調理時間：20分
加熱時間：5〜6分

◇◇◇◇◇◇◇◇◇◇◇◇◇

3人分

ソバ粉のガレット生地　120g
ソーセージ［焼いたもの］　80g
プティサヴォワイヤー　25g
　（p55参照）
　またはコンテチーズ［おろす］
カンカル産の生牡蠣*　3ヶ

天ぷら生地
小麦粉（薄力粉または中力粉）　70g
ソバ粉　30g
卵黄　1ヶ分
氷水　200ml

揚げ油

*カンカルの牡蠣：
　[huître de Cancale]
　（p28参照）

ACCORD PARFAIT

相性のよいシードル

*Cidre basque
Basajaun du
domaine Bordatto.*

シードル・バスク・
バサジュン・デュ・
ドメーヌ・ボルダット

バスク産。
ヨードのテイストを感じる
生き生きとした辛口。
微発泡タイプで、
過熟したリンゴの香り。

GALETTE BROCHETTE APÉRO

SAUCISSE, HUÎTRES DE CANCALE

日本とブルターニュとの相性のよさは、このレシピを見てもらえれば、一目瞭然ではないでしょうか。ブルターニュ伝統のソーセージとカンカルの牡蠣*が、日本の"天ぷら"という揚げ物の手法と出会いました。

ガレット・ブロシェット・アペロ／ソーシース、ユイットル・ドゥ・カンカル
ガレットブロシェット・アペロ、ソーセージとカンカル産牡蠣

1　**天ぷら生地を作る**：小麦粉とソバ粉を一緒にふるう。大きめのボウルの中に卵黄を入れ、氷水を加えながら箸でかき混ぜる（水の温度がグルテンの形成を抑えてくれる）。ふるった粉類を加え、さっくりと混ぜる。天ぷらを揚げるために、揚げ油の温度を170℃に上げておく。

2　熱しておいたクレープ器の鉄板にガレット生地を流し、ラトーで回し広げる。ガレットの表面が乾いてきたら、おろしたチーズをちらす。

3　焼いたソーセージをガレット生地の上にのせて巻く。一口大に切り分ける。

4　牡蠣の殻を開いて、丁寧に身を取り出して水気を切る。小麦粉（分量外）を軽くまぶす。

5　牡蠣の身を崩さないように天ぷら生地をからめて、油で揚げる。油の温度が適温になっていると、一度牡蠣が鍋底に沈み、すぐに浮き上がってくる。衣がサクッと揚がったら、牡蠣を取り出して、キッチンペーパーの上で油分を切る。一口大に切ったガレットと一緒にお皿に盛り付け、それぞれつま楊枝を刺す。

調理時間：5分
加熱時間：3分

◇◇◇◇◇◇◇◇◇◇◇◇◇

2人分

ソバ粉のガレット生地　120g
プティサヴォワイヤー　25g
　[おろす]（p55参照）
チョリゾ[極薄切り]　20g
有塩バター[溶かす]　2g
　=ボルディエ Bordier=

AMUSE GALETTE®

CHORIZO, BEURRE BORDIER

アミューズ・ガレット／チョリゾ、ブール・ボルディエ
アミューズガレット、チョリゾとボルディエバター

1　熱しておいたクレープ器の鉄板にガレット生地を流し、ラトーで回し広げる。具材を入れずにガレット生地を焼く。

2　おろしたチーズをガレット全体にちらし、チョリゾをのせる。

3　具材を包むようにガレットを折る。

4　表面にバターを塗り、まな板の上に移す。ガレットを一口大に切り分け、お皿に盛り付ける。

ACCORD PARFAIT

相性のよいシードル

Cidre basque demi-sec Basendere du domaine Bordatto.

シードル・バスク・ドゥミ＝セック・バソンドゥル・デュ・ドメーヌ・ボルダット

バスク産中辛口シードル。わずかな甘みを伴った塩気を含んだ苦味が、チョリゾのピリッとした辛みを、程よくやわらげてくれる。

ENTRÉES 前菜

調理時間：30分
加熱時間：3分

◇◇◇◇◇◇◇◇◇◇◇◇◇◇◇◇◇◇◇◇

2人分

ソバ粉のガレット生地　120g
カニのほぐし身　30g
　（右記のリード文参照）
有塩バター　10g
　＝ボルディエ Bordier＝

AMUSE GALETTE®

CRABE ET BEURRE BORDIER

このアミューズ・ガレットには、ゆでたカニ（トルトー＝tourteau＊またはアレニェ＝araignée＊）から身を取り出し、ほぐした白い身と殻の内側に付いている褐色の身、そしてカニみそも混ぜることが好ましいです。使うカニの種類は自由に選ばれて構いませんが、私個人はアレニェが好みです。1枚分のガレットを作るのに、必要な身は30gだけです。余ったカニのほぐし身は、その他の料理に活かしてください。（＊トルトー[tourteau]とアレニェ[araignée]：p28参照）

アミューズ・ガレット／クラブ・エ・ブール・ボルディエ
アミューズガレット、カニとボルディエバター

1　カニのハサミ部分の肉を含めて、身を細かくほぐして、カニみそと一緒に混ぜ合わせる。

2　熱しておいたクレープ器の鉄板にガレット生地を流し、ラトーで回し広げる。具材を入れずにガレット生地を焼く。

3　ガレットに有塩バターをのせ、バターが溶けたら、カニのほぐした身をのせて、スパチュールですぐにガレットを折りたたむ。

4　ガレットをまな板の上に移して、一口大に切り分ける。お皿に盛り付ける。

ACCORD PARFAIT

相性のよいシードル

Cidre des Ardennes L'Intense du domaine Capitaine.

シードル・デ・アルデンヌ・ラントンス・デュ・ドメーヌ・キャピテーヌ

アルデンヌ産（フランス北東部）。しなやかさのある辛口が、フレッシュ果実の華やぐ香りを演出している。

調理時間：5分
加熱時間：3分

◇◇◇◇◇◇◇◇◇◇◇◇◇

2人分

ソバ粉のガレット生地　120g
オーヴェルニュ産
　ブルーチーズ　50g
　[棒状にカットする]
有塩バター [溶かす]　5g
グルーアン岬のハチミツ*　10g
クルミ [細かく砕く]　8g

＊グルーアン岬のハチミツ：(p35参照)

AMUSE GALETTE®

BLEU D'AUVERGNE, MIEL DE LA POINTE DU GROUIN ET NOIX

ブルターニュのグルーアン岬で採れるハチミツは、深い入江に咲くさまざまな種類の花から生まれた複雑な香りを持ち、このレシピに使用するブルーチーズとは魅力的な取り合わせです。

アミューズ・ガレット／ブルー・ドーヴェルニュ、ミエル・ドゥ・ラ・ポワント・デュ・グルーアン・エ・ノワ

アミューズガレット、オーヴェルニュ産ブルーチーズ、グルーアン岬のハチミツ、クルミ

1　熱しておいたクレープ器の鉄板にガレット生地を流し、ラトーで回し広げる。具材を入れずにガレット生地を焼く。

2　ガレットの上に棒状にカットしたオーヴェルニュ産ブルーチーズを広げ、ハチミツをかける。

3　クルミを加え、ガレットを端から巻くように折りたたむ。

4　表面にバターを塗り、まな板の上に移す。一口大に切り分け、お皿に盛り付ける。

ACCORD PARFAIT

相性のよいシードル

Cidre de Bretagne Le P'tit Fausset.

シードル・ドゥ・ブルターニュ・ル・プティ・フォッセ

ブルターニュ産。
まろやかで、コクのある甘味、
シロップ漬けフルーツ
のような風味。

ENTRÉES 前菜

調理時間：5分
加熱時間：6分

◇◇◇◇◇◇◇◇◇◇◇◇◇◇◇

2人分

ソバ粉のガレット生地　120g
グリーンアスパラガスの穂先　40g
プティサヴォワイヤー　20g
　[おろす](p55参照)
バスク産生ハム　45g
　[極薄切りのもの]
有塩バター[溶す]　5g

AMUSE GALETTE®

ASPERGES VERTES, JAMBON BASQUE

最高に相性のよいこの2つのシンプルな食材が、えも言われぬ繊細な美味しさのガレットを作り出してくれます。

アミューズ・ガレット／アスペルジュ・ヴェルト、ジャンボン・バスク
アミューズガレット、グリーンアスパラガスとバスク産生ハム

1 クレープ器の鉄板の上にアスパラガスの穂先をのせ、やわらかくなるまで(約3分)グリルする。焼き上がったら、取り出しておく。

2 熱しておいたクレープ器の鉄板にガレット生地を流し、ラトーで回し広げる。生地の表面が乾いてきたら、おろしたチーズをちらす。焼いたアスパラガスをのせる。

3 アスパラガスを覆うように生ハムをのせて、包み込むように、生地をスパチュールで手早く折りたたむ。

4 表面にバターを塗り、ガレットをまな板の上に移す。一口大に切り分け、お皿に盛り付ける。

ACCORD PARFAIT

相性のよいシードル

Cidre de Bourgogne Demi-sec de Jean-Marie Gois.

シードル・ドゥ・ブルゴーニュ・
ドゥミ＝セック・ドゥ・
ジャン＝マリー・ゴワ

ブルゴーニュ産。中辛口。キリッとしたミネラル感が口の中でフルーティ感を残しながらも甘さをやわらげてくれる。

調理時間：15分
浸水時間：30分
加熱時間：23分

◇◇◇◇◇◇◇◇◇◇◇◇◇◇◇

2人分

ソバ粉のガレット生地　120g
カリフラワーのクレーム　50g
ドルドーニュの養殖キャビア　20g
　＝キャヴァリ社 Kaviari＝
レモン［スライスしたもの］
有塩バター［溶かす］　5g

カリフラワーのクレーム
カリフラワー　1ヶ
生クリーム　100g
有塩バター　20g
ベーコン　30g
ローリエ　1枚
塩、白挽きコショウ

AMUSE GALETTE®
CRÈME DE CHOU-FLEUR ET CAVIAR

カリフラワーはブルターニュを象徴する野菜であり、キャビアとは理屈抜きに相性がよいのです。カリフラワーで作ったクリームのビロードのような舌触りと、ソバ粉のガレットのパリッとした食感のコントラストが、美味しさを生みます。とてもなめらかな仕上がりのカリフラワークリームです。

アミューズ・ガレット／クレーム・ドゥ・シューフルール・エ・キャヴィア
アミューズガレット、カリフラワーのクレームとキャビア

1 カリフラワーのクレームを作る：カリフラワーを小房に切り分け、冷水の中に30分浸けておく。その後、水気を切る。鍋にバターとカリフラワー、ベーコン、ローリエの葉を入れ、蓋をして蒸し煮にする（約20分）。カリフラワーがやわらかくなったら、ベーコンとローリエの葉を取り除き、生クリームを加える。ひと煮立ちさせ、その後、ミキサーにかけてきめの細かいピュレ状にする。塩、コショウで味を調える。1枚のガレットに必要な分量は50gなので、残りのピュレは他のレシピに活用する。

2 熱しておいたクレープ器の鉄板にガレット生地を流し、ラトーで楕円形に広げる。ガレット生地の焼き上がり直前に、カリフラワーのクレームとキャヴィアを加え、スパチュールで長方形に折りたたむ。

3 表面にバターを塗り、まな板の上に移す。一口大に切り分け、お皿に盛り付ける。
（写真は、スライスしたレモンにカリフラワーのクレームとキャビアをのせて添えた盛り付け例）

ACCORD PARFAIT

相性のよいシードル

*Cidre des Cimes 2010,
Un cidre de Savoie
De Jean-Yves Perron.*

シードル・デ・シム 2010、
アン・シードル・ドゥ・サヴォワ・
ドゥ・ジャン＝イヴ・ペロン

サヴォワ産。
ドライフルーツの
より酸化熟成した風味を帯びた
マイルドなミネラル感が
極辛口のシードルに
爽やかさと個性をつけている。

ENTRÉES 前菜

調理時間：15分
加熱時間：18〜20分

◇◇◇◇◇◇◇◇◇◇◇◇

ガレット1枚分

ソバ粉のガレット生地　120g
アーティチョークの花托部分　1ヶ
　[繊毛を除いた部分]
プティサヴォワイヤー　25g
　[おろす](p55参照)
　またはコンテチーズ
全卵　1ヶ
粉末ワカメ　少々
有塩バター[溶かす]
塩、白挽きコショウ

BREIZH ROLL®

ARTICHAUT, ALGUE WAKAME

ブルターニュの代表的なもうひとつの野菜であるアーティチョークは、ワカメの繊細な磯の香りとしっかりと馴染みます。何よりシンプルで美味しい組み合わせです。

ブレッツ・ロール／アーティショー、アルグ・ワカメ
ブレッツロール、アーティチョークとワカメ

1. アーティチョークの芯を、バターで、中心部分がやわらかくなるまで炒める（15〜17分）。塩とコショウをして、棒状に5本に切り分ける。

2. 熱しておいたクレープ器の鉄板にガレット生地を流し、ラトーで回し広げる。卵、チーズ、アーティチョーク、粉末ワカメの順で具材をのせる。アーティチョークは、一列になるように並べる。

3. ガレットを巻いて、表面にバターを塗り、スパチュールでまな板の上に移す。一口大に切り分け、お皿に盛り付ける。

ACCORD PARFAIT

相性のよいシードル

Cidre de Normandie extra-brut<< Le cid'de la cuve >>, produit dans Les vergers de Parigny.

シードル・ドゥ・ノルマンディー
エクストラ＝ブリュット・
≪ル・シッドゥ・ラ・キューヴ≫、
プロデュイ・ダン・
レ・ヴェルジェ・ドゥ・パリニー

ノルマンディー産。極辛口。ヨードテイストの鮮やかさと泡立ちのなめらかさとのバランスがとてもよい。

調理時間：20分
加熱時間：2時間
＋3分（ガレット1枚につき）

ガレット1枚分

ソバ粉のガレット生地　120g
シードル風味の
　ロスコフ・オニオンコンフィ　25g
プティサヴォワイヤー　25g
　[おろす]（p55参照）
　またはコンテチーズ
有塩バター[溶かす]　10g
　＝ボルディエ Bordier＝

**シードル風味のロスコフ・オニオン
コンフィ（500g分）**

ロスコフ*のタマネギ　500g
辛口シードル　650ml
オリーヴオイル　大さじ1
塩　4g
水　250ml

＊ロスコフのタマネギ：
　[oignons de Roscoff]
　（p32参照）

BREIZH ROLL®

CONFIT D'OIGNONS DE ROSCOFF AU CIDRE, BEURRE BORDIER

タマネギのコンフィを作る時は、何と言ってもロスコフのタマネギを使うことをお勧めします。ロスコフのタマネギが手に入らない場合や旬（夏の終わりから冬の終わりの期間のみの収穫）でない場合には、地中海産の赤タマネギ、エシャロット（"キュイス・ドゥ・プレ"と呼ばれる細長いタイプのエシャロット）、あるいは、コンフィに適した辛味の少ない新タマネギで代用出来ます。

ブレッツ・ロール／コンフィ・ドニオン・ドゥ・ロスコフ・オ・シードル、ブール・ボルディエ

ブレッツロール、
シードル風味のロスコフ・オニオンコンフィとボルディエバター

ACCORD PARFAIT

相性のよいシードル

*Cidre breton
Biologique demi-sec
de Jehan Lefèvre.*

シードル・ブルトン・
ビオロジック・ドゥミ＝セック・
ドゥ・ジョアン・ルフェーヴル

ブルターニュ産。
フルーティな甘さに、
オーガニックで育てた
リンゴ本来の風味が
アクセントになっている。

1 シードル風味のロスコフ・オニオンコンフィを作る：鍋の中にオリーヴオイル、薄切りにしたタマネギ、塩、水を入れる。蓋をして、時々かき混ぜながら弱火で煮る。タマネギから水分が出て、火が通ったら（タマネギがしんなりとやわらかくなり、透き通る状態）、蓋を取り、煮汁が軽く煮詰まるまでさらに加熱する。別の鍋にシードルを入れ、弱火にかけて半分量まで煮詰める。タマネギの中に煮詰めたシードルを加え、全体が色づくまで煮る。密閉容器や瓶の中に入れ、しっかりと蓋をして、涼しい場所で保存する。

2 熱しておいたクレープ器の鉄板にガレット生地を流し、ラトーで回し広げる。生地の表面が乾いてきたら、チーズをちらし、オニオンコンフィを塗る。

3 具材が熱くなったら、スパチュールを使ってガレットを巻く。

4 表面にバターを塗り、まな板の上に移す。一口大に切り分け、お皿に盛り付ける。

ENTRÉES 前菜

調理時間：10分
加熱時間：3分

◇◇◇◇◇◇◇◇◇◇◇◇◇◇

ガレット1枚分

ソバ粉のガレット生地　120g
シェーヴルチーズのタルタル　65g
有塩バター［溶かす］　5g

シェーヴルチーズのタルタル

フレッシュの　60g
　シェーヴルチーズ*
ミックスフレッシュハーブ
　［みじん切り］　小さじ1
　　パセリ、シブレット、チャービル、
　　タラゴンなど
オリーヴオイル　大さじ1
挽きコショウ

＊シェーヴルチーズ：
　［chèvre］(p31参照)

BREIZH ROLL®

TARTARE DE CHÈVRE AUX HERBES

ブレッツ・ロール／タルタル・ドゥ・シェーヴル・オ・ゼルブ
ブレッツロール、ハーブ入りシェーヴルチーズのタルタル

1　シェーヴルチーズのタルタルの材料すべてを混ぜ合わせておく。

2　熱しておいたクレープ器の鉄板にガレット生地を流し、ラトーで回し広げる。具材を入れずにガレット生地を焼く。生地がしっかり焼けたら、表面にバターを塗って、スパチュールでまな板の上に移す。

3　ガレット生地にシェーヴルチーズのタルタルを塗り広げ、巻き上げる。

4　ロール状のガレットを一口大に切り分け、お皿に盛り付ける。
（写真は、切断面にシェーヴルチーズのタルタルと刻んだハーブを飾った盛り付け例）

ACCORD PARFAIT

相性のよいシードル

*Poiré de Suisse brut
de Jacques Perritaz.*

ポワレ・ドゥ・スイス・ブリュット・
ドゥ・ジャック・ペリタ

スイス産ポワレ（洋梨のシードル）。
主張しすぎない
洋梨のフルーティさと
完璧に調和した
軽いミネラル感がある。
緻密な気泡。

調理時間：5分
加熱時間：3分

◇◇◇◇◇◇◇◇◇◇◇◇◇◇◇◇

ガレット1枚分

ソバ粉のガレット生地　120g
有塩バター[溶かす]　10g
　＝ボルディエ Bordier＝
ハチミツ(百花蜜)　10g
カマンベールチーズ　60g
いちじくジャム　30g

BREIZH ROLL®

CAMEMBERT, CONFITURE DE FIGUES ET MIEL DE FLEURS

ブレッツ・ロール／カマンベール、コンフィチュール・ドゥ・フィグ・エ・ミエル・ドゥ・フルール

ブレッツロール、カマンベール、いちじくジャム、百花蜜

1　熱しておいたクレープ器の鉄板にガレット生地を流し、ラトーで回し広げる。ガレットにバターを塗る。生地にしっかり焼き色がついたら、クレープ器の鉄板から生地をスパチュールではがし、まな板の上に移す。

2　カマンベールチーズを棒状に切り、重ならないように、ガレット生地の上に細長く並べる。

3　カマンベールチーズの上にハチミツを少し塗る。

4　中に空気が入ってゆるまないように、ガレット生地をしっかりと絞めながら巻き上げる。

5　ロール状のガレットを一口大に切り分け、お皿に盛り付ける。切断面にいちじくジャムをたらす。または器に入れて添える。

ACCORD PARFAIT

相性のよいシードル

Cidre de Normandie domaine de La Galotière, Brut Prestige.

シードル・ドゥ・ノルマンディー・ドメーヌ・ドゥ・ラ・ガロティエール・ブリュット・プレスティージュ

ノルマンディー産。
ふくよかさとエレガントさを
一度に感じる。
よく熟したリンゴの香り。

ENTRÉES 前菜

GALETTES
DE SARRASIN

ソバ粉のガレット

《クレープ・オートルモン (Crêpe autrement)》、
ブレッツカフェならではのクレープを提供するという、
このモットーは、黒い麦のクレープと呼ばれる、
ブルターニュの伝統的なガレットが、
この土地で採れる素晴らしい食材によって、
付加価値が与えられることを意味する、
他にはないガレットなのです。
ソバ独特の味と調和するさまざまな材料を、
自由に取り入れてください。

BAIE DE CANCALE
カンカル湾

調理時間：10分
加熱時間：3分
（ガレット1枚につき）

◇◇◇◇◇◇◇◇◇◇◇◇◇◇◇◇

ガレット1枚分

ソバ粉のガレット生地　150g
有塩バター[溶かす]　15g
　＝ボルディエ Bordier ＝
全卵(有機卵)　1ヶ
コンテチーズ(熟成6ヶ月)　50g
　[おろす]
ジャンボン・ブラン*(手作り)　50g
　(保存剤、発色剤なしのもの)
黒挽きコショウ

＊ジャンボン・ブラン：
　[jambon blanc]
　ソミュールと呼ばれる塩液に漬けた
　豚もも肉をボイルしたハム。
　スモークはかけないタイプ。

GALETTE COMPLÈTE

ŒUF, JAMBON BLANC, FROMAGE

どのクレープリーにも必ずある、最も古典的なガレットです。シンプルなのにとびきりの美味しさです！

ガレット・コンプレット／ウフ、ジャンボン・ブラン、フロマージュ
ガレット・コンプレット、卵、ハム、チーズ

1　熱しておいたクレープ器の鉄板にガレット生地を流し、ラトーで回し広げる。ガレットにバターを塗る。

2　ガレットの中央に卵を割り入れ、黄身はそのままで、白身部分のみ伸ばし広げる。おろしたコンテチーズをちらし、ハムをのせる。

3　ガレット生地の周囲を、スパチュールで4ヶ所折りたたみ、そのまま3分加熱する。表面にバターを塗り、お皿にのせる。黒挽きコショウをふりかけて提供する。

ACCORD PARFAIT

相性のよいシードル

Cyril Zang 2012.

シリル・ザンク 2012.

複雑味とリンゴの骨格がしっかりとしたシードル。

調理時間：5分
加熱時間：3分

◇◇◇◇◇◇◇◇◇◇◇◇◇◇◇◇◇

ガレット1枚分

ソバ粉のガレット生地　120g
有塩バター
　=ボルディエ Bordier =
　または、
　海藻入り有塩バター
　=ボルディエ Bordier =
　または、
　ピマン・デスペレット*入り
　有塩バター
　=ボルディエ Bordier =

*ピマン・デスペレット：
[Piment d'Espelette]
バスク地方のエスペレット村で
生産される、辛味のやわらかい、
甘味のある唐辛子パウダー。

GALETTE BEURRE BORDIER

DEMI-SEL, OU AUX ALGUES, OU AU PIMENT D'ESPELETTE

私の友人であるジャン＝イヴ・ボルディエ氏が作る数あるバターの中から、3種類を選んでみました。もちろん、別のフレーバーのボルディエバター、例えばレモンオリーヴオイル風味、ゆず風味、薫製塩入りバターなどを選んでいただいてもよいです。

ガレット・ブール・ボルディエ／ドゥミ＝セル、ウ・オ・ザルグ、ウ・オ・ピマン・デスペレット
**ガレット・ブール・ボルディエ、有塩バター、
またば海藻入り有塩バター、
またはピマン・デスペレット入り有塩バター**

ACCORD PARFAIT

相性のよいシードル

Cidre breton brut Coat-Albret.

シードル・ブルトン・ブリュット・
コート＝アルブレ

ブルターニュ産。辛口。
控えめながら、
存在感のあるフルーティさ。
バランスがよく、
軽い気泡のシードル。

1　熱しておいたクレープ器の鉄板にガレット生地を流し、ラトーで回し広げる。ガレット生地はクリスピーな食感に焼き上げる。

2　好みのバターをガレットに塗り、スパチュールで折りたたんで、お皿の上にのせる。

3　食べる直前に、ガレットに塗った同じ種類のバターを、ひとかけらのせる。

調理＋加熱時間：3分

◇◇◇◇◇◇◇◇◇◇◇◇◇

ガレット1枚分

ソバ粉のガレット生地　150g
レ・リボ*　200ml

*レ・リボ：[lait ribot]
　（p31参照）

GALETTE SÈCHE AU LAIT RIBOT

太古の昔から食べられていたような、手早く作れるガレットです。パンとバターが美味しい組み合わせの礎であるように、おそらく、ブルターニュで考案された最初の"グルメな取り合わせ"と言ってもよいでしょう。確かに、パリパリしたソバ粉のガレットの食感とレ・リボ*のさっぱりした酸味とのハーモニーは、他に例を見ない組み合わせです。レ・リボはよく冷やした器に入れて提供することが大事です。最低でも1時間前に冷蔵庫でよく冷やしておきましょう。

ガレット・セッシュ・オ・レ・リボ
パリパリガレットとレ・リボ

1　熱しておいたクレープ器の鉄板にガレット生地を流し、ラトーで回し広げる。ガレット生地はクリスピーな食感に焼き上げる。

2　冷やしておいた冷たい器にレ・リボを入れ、ガレットに添える。

ACCORD PARFAIT

相性のよいシードル

Cidre breton biologique Val de Rance.

シードル・ブルトン・ビオロジック・
ヴァル・ドゥ・ランス

ブルターニュ産。
軽いフルーティ感の
丸みのある辛口。
後味に、有機で育てた
リンゴ本来の風味が残る。

調理時間:10分
漬け時間:12時間
加熱時間:3分

◇◇◇◇◇◇◇◇◇◇◇

ガレット1枚分

ソバ粉のガレット生地　120g
キュレ・ナンテ*　50g
　[棒状に切る]
ドライプルーン　20g
　[シュシェン*に漬けたもの]
クルミ　20g
　[砕いたもの]
有塩バター[溶かす] 10g

* キュレ・ナンテ：[curé nantais]
　(p31参照)

* シュシェン：[chouchen]
　(p35参照)

ACCORD PARFAIT

相性のよいシードル

Cidre breton tradition de la distillerie du Gorvello.

シードル・ブルトン・トラディッション・
ドゥ・ラ・ディスティルリ・デュ・
ゴーヴェッロ

ブルターニュ産。
ギルヴィック種で作った中辛口。
酸味と南国果実の
フルーティ感がありながら、
チーズのようなピリッとした
辛味も持ち合わせる。

GALETTE
CURÉ NANTAIS

PRUNEAUX, CHOUCHEN, NOIX

ガレット・キュレ・ナンテ／プリュノー、シュシェン、ノワ
キュレ・ナンテのガレット、ドライプルーン、ハチミツ酒、クルミ

1　前日に、ドライプルーンをシュシェン（ハチミツ酒）に漬ける：ドライプルーンの種を取り除き、ボウルの中に入れ、シュシェンをプルーンがかぶる程度まで注ぎ入れる。ボウルにラップフィルムをかぶせて翌日まで漬けておく。使用する少し前に、漬け汁を切る。

2　熱しておいたクレープ器の鉄板にガレット生地を流し、ラトーで回し広げる。ガレットの表面が乾いてきたら、棒状に切ったキュレ・ナンテをのせる。

3　ガレットを巻いて、表面にバターを塗る。スパチュールでまな板の上に移して、一口大に切り分ける。

4　お皿にガレットを盛り付ける。切断面にクルミとシュシェンに漬けたプルーンをのせて飾る。

調理時間：30分
加熱時間：47分

◇◇◇◇◇◇◇◇◇◇◇◇◇◇◇◇

ガレット1枚分

ソバ粉のガレット生地　120g
ツブ貝とマッシュルーム、
　フダン草のガルニチュール　85g
有塩バター［溶かす］　10g

**ツブ貝とマッシュルーム、
フダン草のガルニチュール**

活ツブ貝　1kg
クールブイヨン*　2L
有塩バター　30g
マッシュルーム　300g
エシャロット(小)[みじん切り]　1ヶ
フダン草(白い茎部分)　300g
ガーリックバター　15g
　［有塩バターとみじん切りの
　　ニンニクを練り混ぜる］
白挽きコショウ

＊クールブイヨン：[court-bouillon]
　水に香味野菜を入れて煮出した液体。
　インスタントキューブなども
　市販されている。

GALETTE
CHAMPIGNONS
BEURRE D'AIL, BULOTS ET BLETTES

ガレット・シャンピニオン／ブール・ダイユ、ビュロー・エ・ブレット
マッシュルームのガレット、ガーリックバター、ツブ貝、フダン草

1　ツブ貝の下処理をして加熱する：ツブ貝を粗塩（分量外）と一緒に力強くこすり合わせ、流水で洗う。ふつふつと沸いているクールブイヨンの中に貝を入れて25分加熱する。クールブイヨンの中に入れたまま冷ましておき、冷めたら殻から身を取り出す。身が大きい場合は、2～3等分に切る。

2　ガルニチュールの準備をする：フダン草の白い部分とマッシュルームを薄切りにする。フライパンにバターを溶かし、マッシュルームを強火で炒める。マッシュルームから出た水分が飛んだら、エシャロットのみじん切りとフダン草を加える。フダン草がやわらかくなるまで炒める（10～12分程度）。ツブ貝とガーリックバターを加え、コショウをする。

3　熱しておいたクレープ器の鉄板にガレット生地を流し、ラトーで回し広げる。ガレットが焼けたら、バターを塗って、長方形に仕上がるように、生地をスパチュールで折りたたむ。

4　ガレットをお皿に盛り付け、ガルニチュールを中央にのせて提供する。

ACCORD PARFAIT

相性のよいシードル

Cidre breton brut du domaine de Kerveguen.

シードル・ブルトン・ブリュット・デュ・ドメーヌ・ドゥ・ケルヴェゲン

ブルターニュ産。辛口。
骨太ではあるが、
洗練されている。
丸みのあるタンニンと
ほのかな木の香り。

調理時間：20分
加熱時間：20分
＋3分（ガレット1枚につき）

◇◇◇◇◇◇◇◇◇◇◇◇◇◇◇

ガレット1枚分

ソバ粉のガレット生地　150g
プティサヴォワイヤー　25g
　［おろす］(p55参照)
　またはコンテチーズ
全卵　1ヶ
炒めたホウレン草　40g
有塩バター［溶かす］　10g
黒挽きコショウ

ホウレン草

新鮮なホウレン草　1kg
有塩バター　30g
ニンニク［みじん切り］2片
塩、黒挽きコショウ

GALETTE ÉPINARDS

ŒUF MIROIR, FROMAGE RÂPÉ

ガレット・エピナール／ウフ・ミロワール、フロマージュ・ラペ

ホウレン草のガレット、目玉焼きとチーズ

1　ホウレン草を洗い、茎を除去する。水気を切り、大きめの平鍋にバターとニンニクのみじん切りを入れ、ホウレン草がしんなりするまで炒める。蓋をして、弱火で5分蒸し煮にする。その後、ホウレン草から出た余分な水気を切り、コショウをする。味をみて、塩をする。そのまま置いておく。

2　熱しておいたクレープ器の鉄板にガレット生地を流し、ラトーで回し広げる。ガレットに焼き色がついてきたら、おろしたチーズを全体にちらす。

3　ガレットの上に加熱したホウレン草をのせて温める。ガレットをスパチュールで2回折りたたみ、表面にバターを塗る。お皿に盛り付ける。

4　クレープ器の上で目玉焼きを作り、ガレットの上にのせる。黒挽きコショウをふりかけて提供する。

ACCORD PARFAIT

相性のよいシードル

Cidre de Bretagne
Gorvello brut.

シードル・ドゥ・ブルターニュ・
ゴーヴェッロ・ブリュット

ブルターニュ産。辛口。
濃密な泡立ちが目を引く。
有機リンゴ本来の風味と
リンゴの皮の香り。

GALETTE ASPERGES

POIS MANGE-TOUT, MAGRET DE CANARD FUMÉ DE CHERRUEIX

調理時間：15分
加熱時間：10分
＋3分（ガレット1枚につき）

ガレット1枚分
ソバ粉のガレット生地　150g
アスパラガスとサヤインゲンの
　　ガルニチュール　60g
マグレ・ド・カナールの薫製　25g
　（シェーゥエ産）*
グリュイエールチーズ［おろす］　30g
有塩バター［溶かす］　10g
イタリアンパセリ［刻む］　少々
フルール・ド・セル
黒挽きコショウ

ガルニチュール
ホワイトアスパラガス　120g
　（はかまを取った正味量）
グリーンアスパラガス　120g
　（はかまを取った正味量）
サヤインゲン　120g
オリーヴオイル
マグレ・ド・カナールの燻製　1枚
　［スライスする］
塩

＊シェーゥエ産マグレ・ド・カナールの燻製：
［magret de canard fumé de cherrueix］
（p27参照）

ACCORD PARFAIT

相性のよいシードル

*Cidre de Mayenne
brut tendre d'Eric Bordelet.*

シードル・ドゥ・マイエンヌ・
ブリュット・タンドル・デリック・ボードレ

マイエンヌ県（フランス北西部）産。
中辛口シードル。
素材のよさがあり、ライトな甘さと、
マイルドなミネラル感との
バランスがよい。

ガレット・アスペルジュ／ポワ・マンジュ=トゥ、マグレ・ドゥ・カナール・フュメ・ドゥ・シェーゥエ
アスパラガスのガレット、サヤインゲンと
マグレ・ド・カナールの燻製

1. アスパラガスは皮をむき、サヤインゲンは筋を取る。沸騰したお湯の中に塩を入れて、グリーンアスパラガスとサヤインゲンを1分ゆでる。ホワイトアスパラガスは5～6分ゆでる。水気を切り、フライパンでグリルして、香ばしい焼き色をつける。野菜の歯ごたえは残して火を通し、仕上げにオリーヴオイルをふりかける。

2. 熱したクレープ器の鉄板の上で、マグレ・ド・カナールの燻製のスライスをグリルして、取り置く。

3. 熱しておいたクレープ器の鉄板にガレット生地を流し、ラトーで回し広げる。ガレットに焼き色がついてきたら、おろしたチーズを全体にちらす。チーズが溶けるのを待つ。

4. チーズが溶けたら、長方形に仕上がるように、ガレット生地をスパチュールで折りたたみ、裏返す。表面にバターを塗り、お皿に盛る。

5. グリルした野菜とマグレ・ド・カナールをガレットの上に盛り付ける。フルール・ド・セルをひとつまみふりかける。上から黒挽きコショウをふりかける。刻んだイタリアンパセリをちらす。

調理時間：10分
加熱時間：3分
（ガレット1枚につき）

◇◇◇◇◇◇◇◇◇◇◇

ガレット1人分

ソバ粉のガレット生地　130g
有塩バター　10g
　＝ボルディエ Bordier＝
アーティチョークの花托部分　45g
　[加熱済みのもの]
全卵　1ヶ
プティサヴォワイヤー　35g
　[おろす] (p55参照)
バスク産生ハム　25g
　[極薄切りのもの]

ACCORD PARFAIT

相性のよいシードル

*Poiré allemand
Schward Birne brut
de Dolde*

ポワレ・アルマン・
シュバード・ビィルネ・ブリュット・
デ・ドルド

ドイツ産ポワレ。
果実味よりミネラル感の方が
立っている。
シャンパンのような
繊細さを持った
クリアな洋梨のシードル。

GALETTE ARTICHAUT

JAMBON CRU, BEURRE BORDIER

ガレット・アーティショー／ジャンボン・クリュ、ブール・ボルディエ

アーティチョークのガレット、生ハムとボルディエバター

1　アーティチョークを少し厚めにスライスして、フライパンでバターと一緒に炒め、取り置く。

2　熱しておいたクレープ器の鉄板にガレット生地を流し、ラトーで回し広げる。ガレットの中央にバターを塗る。

3　バターを塗った部分に卵を割り入れ、黄身はそのままで、白身部分のみ伸ばし広げる。おろしたチーズをちらし、バターで炒めたアーティチョークを加える。

4　具材が温まり、ガレット生地が焼けたら、正方形に仕上がるように、生地の周囲をスパチュールで4ヶ所折りたたみ、表面にバターを塗る。

5　ガレットをお皿にのせ、生ハムを盛り付ける。

調理時間：5分
加熱時間：4分

ガレット1枚分

ソバ粉のガレット生地　150g
全卵　1ヶ
グリュイエールチーズ　35g
　［おろす］
有塩バター［溶かす］　10g
アンドゥイユ*［薄切り］　30g
シードル風味のオニオン
　コンフィ（p71参照）　25g
マスタードクリーム　15g

マスタードクリーム

クレーム・ドゥーブル　150g
　（無発酵の濃厚クリーム）
生クリーム　100g
粒マスタード　250g

＊アンドゥイユ：[andouille]
　（p27参照）

ACCORD PARFAIT

相性のよいシードル

*Cidre Breton brut
Michel Paris.*

シードル・ブルトン・ブリュット・ミッシェル・パリ

ブルターニュ産。辛口。タンニンと酸味がフレッシュフルーツの果肉味と完璧に調和している。

GALETTE ANDOUILLE

CONFIT D'OIGNONS AU CIDRE, ŒUF, CRÈME DE MOUTARDE

ガレット・アンドゥイユ／コンフィ・ドニオン・オ・シードル、ウフ、クレーム・ドゥ・ムータルド

アンドゥイユのガレット、シードル風味のオニオンコンフィ、卵、マスタードクリーム

1　マスタードクリームの準備をする：クレーム・ドゥーブルをボウルの中に入れ、ホイッパーで軽く泡立てる。生クリームを少しずつ加え、続いて粒マスタードも加え混ぜる。

2　熱しておいたクレープ器の鉄板にガレット生地を流し、ラトーで回し広げる。ガレット生地の中央周辺にバターを塗る。中央に卵を割り入れる。火通りを早くするために、白身部分のみ伸ばし広げる。

3　オニオンコンフィをひろげ、おろしたグリュイエールチーズをちらす。

4　クレープ器の鉄板の隅でアンドゥイユを香ばしくグリルして、ガレットの上にのせる。マスタードクリームも加える。

5　正方形に仕上げるように、生地の周囲をスパチュールで4ヶ所折りたたみ、表面にバターを塗る。お皿に盛り付ける。

調理時間：5分
加熱時間：4分

◇◇◇◇◇◇◇◇◇◇◇◇◇

ガレット1枚分

ソバ粉のガレット生地　150g
産地の違う3種類のアンドゥイユ
　［スライスする］各10g
プティサヴォワイヤー　25g
　［おろす］（p55参照）
　またはコンテチーズ
有塩バター［溶かす］10g
ルッコラ　5g
オリーヴオイル　2g
フルール・ドゥ・セル　少々

＊アンドゥイユ：［andouille］
　（p27参照）

GALETTE 3 ANDOUILLES
COMTÉ, SALADE DE ROQUETTE

1種類よりも3種類のアンドゥイユを取り合わせるとよいでしょう。ブレッツカフェでは、ブルターニュ地方で手作りされている、カンカル、サン＝マロ、そしてゲメネの3種類のアンドゥイユを使って、このレシピのガレットを提供しています。デリカテッセンで見つけた、例えばヴィール、ゲメネ、バイ（フランス北西端のフィニステール県）、ヴァル＝ダジョルなどのアンドゥイユを使って、イメージをふくらませ、自由な組み合わせを楽しんでください。

ガレット・トワ・アンドゥイユ／コンテ、サラダ・ドゥ・ロケット
3種のアンドゥイユのガレット、コンテチーズとルッコラのサラダ

1　熱しておいたクレープ器の鉄板にガレット生地を流し、ラトーで回し広げる。具材を入れずにガレット生地だけを焼く。

2　おろしたチーズをちらす。チーズが溶けたら、三角形に仕上がるように、生地の周囲をスパチュールで3ヶ所折りたたむ。

3　生地の表面にバターを塗り、お皿に盛り付ける。

4　クレープ器の鉄板の上で、3種類のアンドゥイユを香ばしく、軽くグリルして、ガレットの上にのせる。

5　ルッコラにフルール・ド・セルとオリーヴオイルをかけて手早く和える。ガレットの中央に盛り付ける。

ACCORD PARFAIT
相性のよいシードル

*Cidre breton
P'tit Fausset brut
de Gilles Barbé.*

シードル・ブルトン・
プティ・フォッセ・ブリュット・
ドゥ・ジル・バルベ

ブルターニュ産。辛口。
熟れたリンゴの皮の
香りを伴う、
骨太で有機リンゴ本来の風味。
アンドゥイユに負けない
しっかりとした味わいを持つ。

調理時間：15分
加熱時間：30分

GALETTE LARD DE FERME

POMMES, SAUCE POMMEAU

ガレット1枚分

ソバ粉のガレット生地　150g
ジャガイモのピュレ　50g
[温かいもの]
リンゴのガルニチュール　40g
[有塩バターでソテーする]
農場手作りベーコン*　40g
[スライスする]
ポモーのソース　15g
ルッコラ　10g
[オリーヴオイル少々とフール・ド・セルで味付けをする]

リンゴのガルニチュール

リンゴ　2ヶ
有塩バター[澄ます]　20g

ポモーのソース

ポモー*　20ml
リンゴジュース　40ml
エシャロット　小さじ1
[細かいみじん切り]
タイム　少々
有塩バター　15g
塩、コショウ

*農場手作りベーコン：
[lard fermier]（p27参照）

*ポモー [pommeau]：
発酵していないリンゴジュースとブランデーから作るお酒。

ガレット・ラール・ドゥ・フェルム／ポム、ソース・ポモー
農場手作りベーコンのガレット、リンゴとポモーのソース

1. **ポモーのソースを作る**：小さめの鍋の中に、ポモーとリンゴジュース、エシャロットとタイムを入れ、火にかけて煮詰める。トロッとしたシロップ状に煮詰まったら、別の鍋に目の細かい網をのせて、液体を漉す。鍋をゆすりながら、バターを加えてソースに乳化させる。味をみて、必要であれば塩、コショウをする。温かいところで保温しておく。

2. リンゴの皮をむいて、スライスする。澄ました有塩バターで、リンゴが黄金色になるまで炒める。農場手作りベーコンを香ばしくグリルする。

3. 熱しておいたクレープ器の鉄板にガレット生地を流し、ラトーで回し広げる。ガレットの表面が乾いてきたら、中央部分に温かいジャガイモのピュレを塗り広げる。

4. 長方形に仕上がるように、生地の周囲をスパチュールで折りたたみ、一度裏返して、表面にバターを塗る。

5. お皿の上にガレットを盛り付け、リンゴをのせる。下味を付けたルッコラのサラダを添える。リンゴの上に、グリルした農場手作りベーコンをのせる。ポモーのソースをかけて提供する。

ACCORD PARFAIT

相性のよいシードル

Cidre breton brut de Jean-Pierre Sémery.

シードル・ブルトン・ブリュット・ドゥ・ジャン＝ピエール・セメリー

ブルターニュ産。
粗さのない伝統的な辛口。
グラニー＝スミス種（青リンゴ）を彷彿させる酸味。

GALETTE SICILIENNE

TOMATE, MOZZARELLA, BASILIC

調理時間:15分
乾燥時間:1時間10分
加熱時間:3分

ガレット1枚分

ソバ粉のガレット生地　150g
チェリートマト　100g
　（4〜5色を取り混ぜる）
モッツァレラチーズ　50g
バジリコ　1枝
海藻入りバター
　＝ボルディエ Bordier ＝
ドライトマト　少々
オリーヴオイル

ドライトマト（約60g分）
チェリートマト　200g
オリーヴオイル、　各少々
ニンニク、タイム
塩、グラニュー糖、
白挽きコショウ

ガレット・シシリエンヌ／トマト、モッツァレラ、バジリック

シシリア風ガレット、トマト、モッツァレラ、バジリコ

1. **ドライトマトを作る**：チェリートマトを半分に切る。切断面を上向きにして、オーヴン天板の上に並べる。チェリートマトの切断面にグラニュー糖、塩、コショウをふりかけてニンニクとタイムをのせる。130℃のオーヴンに入れて10分加熱する。その後オーヴンのスイッチを消して1時間乾燥させる。冷めたら、オリーヴオイルをかけ、密閉容器に移して涼しいところで保管する。

2. 熱しておいたクレープ器の鉄板にガレット生地を流す。ラトーで生地を三角形に広げて、海藻入りバターを表面に塗る。きれいな三角形に仕上がるように、生地の周囲をスパチュールで3ヶ所折りたたむ。お皿の上にのせる。

3. 半分に切った生のチェリートマト、ドライトマト、スライスしたモッツァレラチーズ（またはチェリータイプのもの）、バジリコの葉数枚をガレットの上にのせる。バジリコを千切りにしてオリーヴオイルをからめ、ガレットの周囲に飾ってもよい。

ACCORD PARFAIT

相性のよいシードル

Poiré de Mayenne
≪ Authentique ≫
d'Eric Bordelet.

ポワレ・ドゥ・マイエンヌ
≪ オータンティック ≫
デリック・ボードレ

マイエンヌ県産。中辛口。爽やかで口当たりがよい。フルーティさとベジタブルテイストが心地よい。

調理時間：10分
加熱時間：18分

◇◇◇◇◇◇◇◇◇◇◇

ガレット1枚分

ソバ粉のガレット生地　150g
ナス　1本
　（あるいはガレットを作る
　人数分により数本用意する）
コンテチーズ　50g
有塩バター［溶かす］　10g
オリーヴオイル
カレーパウダー
塩、白挽きコショウ

GALETTE AUBERGINE

COMTÉ, POUDRE DE CURRY

ガレット・オーベルジーヌ／コンテ、プードル・ドゥ・キュリー
ナスのガレット、コンテチーズとカレーパウダー

1　オーヴンの予熱を180℃に上げておく。ナスを縦半分に切り、切断面に格子状に数ヶ所切り込みを入れる。オーヴン用天板の上にナスをのせる。オリーヴオイルとカレーパウダーを塗り、オーヴンに入れて15分ローストする。その後、オーヴンから取り出してから、塩とコショウをする。

2　熱しておいたクレープ器の鉄板にガレット生地を流す。生地が楕円形になるように、ラトーで広げる。表面が乾いてきたら、おろした40gのコンテチーズをちらす。

3　長方形に仕上がるように、ガレット生地をスパチュールで4ヶ所折りたたみ、表面にバターを塗る。ナスと、残りのコンテチーズを極薄くスライスして、お皿に盛り付ける。

ACCORD PARFAIT

相性のよいシードル

Cidre des Ardennes
Capitaine Brut
Prestige 2012.

シードル・デ・アルデンヌ・
キャピテーヌ・ブリュット・
プレスティージュ2012

アルデンヌ県産。辛口。
力強さと繊細さを合わせ持つ。
フルーティ感とハチミツの香り。

調理時間：10分
加熱時間：3分
(ガレット1枚につき)

◇◇◇◇◇◇◇◇◇◇◇◇◇

ガレット1枚分

ソバ粉のガレット生地　150g
有塩バター [溶かす]　10g
　＝ボルディエ Bordier＝
スモークサーモン*　40g
クレーム・エペス　15g
　(p48参照)
シブレット [細かく刻む]　少々
ディル [細かく刻む]　少々
イクラ　20g
レモン汁　数滴
ディル [穂先を摘んだもの]　適宜

＊スモークサーモン：[saumon fumé]
(p28参照)

ACCORD PARFAIT

相性のよいシードル

Cidre de Bourgogne de Jean-Marie Gois.

シードル・ドゥ・ブルゴーニュ・
ドゥ・ジャン＝マリー・ゴワ

ブルゴーニュ産。
リンゴのしっかりした
存在感のある辛口だが、
強いミネラル感が、
キリッとした印象を
さらに色濃く感じさせる。

GALETTE
SAUMON FUMÉ

IKURA, CRÈME FRAÎCHE, ANETH

《サーモンの卵》のことを日本語では、"イクラ"と呼びます。スモークサーモンに美しさを添え、このガレットにリッチなアクセントをつけてくれる食材のひとつです。

ガレット・ソーモン・フュメ／イクラ、フレッシュクリーム、ディル
スモークサーモンのガレット、イクラ、フレッシュクリーム、ディル

1. 熱しておいたクレープ器の鉄板にガレット生地を流し、ラトーで回し広げる。ガレットにバターを塗る。生地にしっかり焼き色がついたら、生地をスパチュールでクレープ器の鉄板からはがし、まな板の上に移す。

2. スモークサーモンを、ガレット生地の上に細長い帯状に並べる。

3. クレーム・エペス、シブレット、ディル、レモン汁を混ぜ合わせておき、スモークサーモンの上に塗り広げる。

4. 中に空気が入ってゆるまないように、ガレット生地をしっかりと絞めながら巻き上げる。

5. ロール状のガレットを一口大に切り分け、それぞれの切断面にイクラをのせる。つまんだディルの穂先を飾る。

調理時間：30分
塩抜き時間：12時間
加熱時間：20分
＋約3分（ガレット1枚につき）

◇◇◇◇◇◇◇◇◇◇◇◇◇◇

ガレット1枚分

ソバ粉のガレット生地　120g
プティサヴォワイヤー　25g
　[おろす]（p55参照）
　またはコンテチーズ
塩鱈のブランダード　50g
アンドゥイユ　30g
グリーンサラダ　30g
　[ヴィネグレットソースで和える]
ガーリックバター[溶かす]　6g

塩鱈のブランダード

塩鱈＊　750g
ジャガイモ　500g
バター　100g
ニンニク　8g
牛乳　100g
生クリーム　150g
イタリアンパセリ　大さじ2
　[みじん切り]
白挽きコショウ

＊アンドゥイユ：[andouille]
　（p27参照）
＊フランスの塩鱈は、しっかり塩漬けされた状態で売られているので、必ず塩抜きをするが、日本の塩鱈は塩抜きの必要はない。

ACCORD PARFAIT

相性のよいシードル

Cidre normand brut
《The Side Up》
de Cyril Zang.

シードル・ノルマン・ブリュット
《ザ・サイド・アップ》
ドゥ・シリル・ザンク

ノルマンディー産。辛口。
骨太さと、ミネラル感がある。
力強さと繊細さがうまく
共存している。

GALETTE BRANDADE DE MORUE

ANDOUILLE, SALADE VERTE

カナダの東海岸に位置する大きな島のひとつであるニューファンドランド。漁場として好条件の領域で、漁船が多い場所です。この地に鱈漁に行く漁師を、フランス語でテールヌーバ《terre-neuvas》と呼びます。

ガレット・ブランダード・ドゥ・モリュ／アンドゥイユ、サラダ・ヴェルト
塩鱈のブランダードのガレット、アンドゥイユとグリーンサラダ

1　塩鱈のブランダードを作る：まず、塩鱈を塩抜きする。塩鱈を氷水で洗い、皮と骨を除去する。身を一口くらいの大きさに切る。塩鱈をザルに入れ、冷水のたっぷり入ったボウルに浸しておく。一晩塩抜きをして、翌日水を捨て、キッチンペーパーでタラの水気を拭き取る。ジャガイモを水からゆでる。火が通ったら、皮をむいてスライスしておく。鍋の中にバターと薄切りにしたニンニクを入れ、色をつけないようにゆっくり加熱して、バターにニンニクの香りを移す。ジャガイモと鱈を加え、弱火で2分加熱する。次に牛乳と生クリームを加え、蓋をして、時々混ぜながら弱火で15分煮る。コショウを入れて、ミキサーで攪拌する。味をみて、コショウで調える。仕上がったブランダードがぼってりして濃厚な場合は、少量の牛乳を加えるとよい。最後にパセリのみじん切りを加える。

2　熱しておいたクレープ器の鉄板にガレット生地を流し、ラトーで回し広げる。生地の表面が乾いてきたら、おろしたチーズをちらし入れ、そこに塩鱈のブランダードを塗る。ガレット生地を折りたたむ。

3　クレープ器の鉄板の上で、スライスしたアンドゥイユを香ばしくグリルする。

4　ガレットをお皿に盛り付け、アンドゥイユをのせる。周りにグリーンサラダを添えて、溶かしたガーリックバターをかけて提供する。
（写真は、塩鱈のブランダードをガレット生地で巻いて、一口大に切った盛り付け例）

GALETTES DE SARRASIN　ソバ粉のガレット

調理時間：10分
加熱時間：15分

◇◇◇◇◇◇◇◇◇◇◇◇◇◇

ガレット1枚分

ソバ粉のガレット生地　120g
イワシ*のフィレ　2枚
トマト　½ヶ
タマネギ　¼ヶ
有塩バター[溶かす]　10g
パセリバター[溶かす]　少々

* イワシ：[sardine] (p28参照)

GALETTE MILLEFEUILLE

SARDINE, TOMATE, OIGNON, PERSIL

ガレット・ミルフイユ／サーディン、トマト、オニオン、ペルシ
ガレットのミルフィーユ、イワシ、トマト、タマネギ、パセリ

1　オーヴンの予熱を130℃に上げておく。イワシを3枚におろし、骨を抜いておく。トマトとタマネギをスライスする。

2　熱しておいたクレープ器でガレット生地を焼く。1枚の生地から3枚の長方形のガレットを切り出す。軽くバターを塗っておく。

3　オーヴン用天板にガレット生地をのせ、オーヴンで10分間乾燥焼きにする。

4　タマネギとイワシを香ばしくグリルしておく。

5　ガレット生地、タマネギ、トマト、イワシ、ガレット生地……の順番でミルフィーユのように重ねる。一番上がガレット生地になるようにする。

6　お皿に盛り付け、溶かしたパセリバターをかける。
（写真は、一段目を盛り付けた段階）

ACCORD PARFAIT

相性のよいシードル

*Cidre de Bretagne
Coat Albert, brut fruité,
entre brut et demi-sec.*

シードル・ドゥ・ブルターニュ・
コート・アルブル、ブリュット・フリュイテ、
アントル・ブリュット・エ・ドゥミ＝セック

ブルターニュ産。
辛口と中辛口の中間。
主張しすぎない果実味の
しっかりした存在感。
爽やかさが際立つ。

調理時間：45分
加熱時間：20分

ガレット1枚分

ソバ粉のガレット生地　120g
有塩バター［溶かす］　10g
ラングスティーヌ　4〜5匹
　［クールブイヨンでゆで、殻を取る］
クリーム風味のフェンネル　40g
オレンジとジンジャーのソース　30g
サリコルヌ（アッケシソウ）*　15g
　［ゆでる］

ガルニチュール

ラングスティーヌ　1kg
クールブイヨン　2L
有塩バター［澄ます］　20g
フレッシュのレモンタイム　数本
フェンネル　2ヶ
生クリーム
サリコルヌ　100g
オリーヴオイル
フルール・ド・セル、白挽きコショウ

オレンジとジンジャーのソース

オレンジ果汁　60ml
生ショウガ［細かく刻む］　10g
エシャロット［細かいみじん切り］　6g
レモン汁　20ml
オレンジの花のハチミツ　30g
有塩バター　20g
白挽きコショウ

＊サリコルヌ［salicorne］：
　日本語でアッケシソウと呼ばれる、
　湿地に生息する植物。
　肉厚な葉と茎を食する。
　別名、"シーアスパラガス"とも呼ばれる。

ACCORD PARFAIT

相性のよいシードル

Cidre de Mayenne brut Argelette d'Eric Bordelet.

シードル・ドゥ・マイエンヌ・
ブリュット・アルジュレット・
デリック・ボードレ

マイエンヌ県産。辛口。
ワインのような香りと
複雑味がある。
フルーティ感と苦味、
ミネラル感のバランスが
とれている。

GALETTE LANGOUSTINES

FENOUIL, ORANGE, GINGEMBRE

ガレット・ラングスティーヌ／フヌイユ、オランジュ、ジャンジョンブル

ラングスティーヌのガレット、フェンネル、オレンジとジンジャーのソース

1. オレンジとジンジャーのソースを作る：小さめの鍋にソースのすべての材料（バター、コショウ以外）を入れる。火にかけて5分煮詰める。目の細かい漉し器を、別の小さい鍋の上にのせてソースを漉す。再び火にかけて、ソースにツヤが出るまで煮詰める。鍋を火からおろして、鍋をゆするように動かしながら、有塩バターを加えて乳化させる。味をみて、コショウで調える。温かい場所で保温しておく。

2. フェンネルは、中心に近いやわらかい部分だけを残し、周囲の硬い繊維質部分は除去する。小さめの角切りにする。鍋に少量の水とフルール・ド・セルと一緒にフェンネルを入れ、蓋をして蒸し煮にする。フェンネルがやわらかくなったら、なめらかにつながるように生クリームをたっぷりめに加える。コショウをして、味を調える。

3. ラングスティーヌはクールブイヨンの中でゆで、水気を切って、殻から身を取り出しておく。

4. 沸騰したお湯の中にサリコルヌを入れ、数分ゆでる。ザルにあげて水気を切り、オリーヴオイルとフルール・ド・セルで味付けをしておく。

5. 熱しておいたクレープ器の鉄板にガレット生地を流し、ラトーで回し広げる。具材を入れずに生地だけ焼き上げる。

6. 生地の表面が乾いて、焼き色がついてきたら、クリーム風味のフェンネルをのせ、生地が長方形になるように折りたたむ。表面にバターを塗り、お皿に盛り付ける。

7. ラングスティーヌを、澄ましバターとレモンタイムと一緒にフライパンで温める程度に加熱する。盛り付けたガレットの上にのせ、オレンジとジンジャーのソースをかけ、サリコルヌを添える。

調理時間：40分
加熱時間：25分

◇◇◇◇◇◇◇◇◇◇◇◇◇

ガレット1枚分

ソバ粉のガレット生地　120g
ビスクソース　45g
フレッシュハーブ[粗く刻む]　適宜
　(チャービル、ディル、シブレットなど)
オリーヴオイル
有塩バター[溶かす]　10g

海の幸のガルニチュール
(ガレット1人分)
オマールエビ　½尾
エビ　2尾
ホタテの身　2ヶ
カニの身　50g
　(イチョウガニまたは
　ケアシガニ p28参照)
　[活カニをゆで、殻から取り出す]
アサリ貝　100g
オリーヴオイル
ニンニク[みじん切り]
エシャロット[みじん切り]
白ワイン(辛口)
海塩(粗粒)、塩
白挽きコショウ

ビスクソース(200g分)
ニンニク[みじん切り]　1片
エシャロット[みじん切り]　1ヶ
オリーヴオイル　大さじ1
オマールエビのビスク　120g
　(市販品)
生クリーム　80g

ACCORD PARFAIT

相性のよいシードル

Cidre de Normandie brut 2012 de Cyril Zang.

シードル・ドゥ・ノルマンディー・
ブリュット2012・
ドゥ・シリル・ザング

ノルマンディー産。辛口。
とても個性的なシードル。
ミネラル感とフルーティ感、
骨太さ、複雑味を同時に感じる。

GALETTE HOMARD

FRUITS DE MER, SAUCE BISQUE

作られる人数分に応じて、ガルニチュールで使用する魚介類の分量は適宜変えてください。このレシピについては、手に入る甲殻類の種類や大きさの違いなどで、的確な分量を出すのが難しいため、人数によって多少の微調整をされるとよいでしょう。カニやエビはすでにボイルされたもの、ホタテはむき身のものを購入してもよいでしょう。

ガレット・オマール／フリュイ・ドゥ・メール、ソース・ビスク
オマールエビのガレット、海の幸とビスクソース

1. 海の幸の下ごしらえをする：大きめの鍋の中にお湯を沸かして、粗塩を加える。オマールエビ(3分)、エビ(2分)、カニ(10分)をそれぞれ加熱して、ゆで上がったら殻から身をはずしておく。

2. 別の鍋にアサリ貝、オリーヴオイルを少々、みじん切りにしたニンニクとエシャロット、白ワインを入れて火にかけ、蓋をして加熱する。アサリの口が開いたら、ザルにあげて、殻から身をはずしておく。ホタテ貝は、生のまま殻から身を取り出して、さっと水洗いをして、水気をふきとる。

3. ビスクソースを作る：みじん切りにしたニンニクとエシャロットを、オリーヴオイルで2分炒める。オマールエビのビスクと生クリーム加えたら、表面がふつふつと沸いてくるまで加熱する。味を調えて、保温しておく。

4. 熱しておいたクレープ器の鉄板にガレット生地を流す。ラトーで生地を楕円形に広げる。カニの身とアサリの身をのせ、ガレットが長方形に仕上がるように、生地の周囲をスパチュールで折りたたみ、表面にバターを塗る。少量のオリーヴオイルをフライパンに熱し、オマールエビ、ホタテの身、エビの表面を手早く焼いて、塩、コショウで味をつける。ガレットの上に盛り付ける。

5. ビスクソースをかけて、ハーブを飾り提供する。

準備時間：20分
加熱時間：15分

◇◇◇◇◇◇◇◇◇◇◇◇◇◇◇

ガレット1枚分

ソバ粉のガレット生地　120g
カンカル産の牡蠣のムニエル　100g
ワカメ入りバター［溶かす］　10g
ベーコン［薄く短冊状に切る］　15g
エシャロット［みじん切り］　5g
生クリーム　大さじ1
グリーンピース　20g
　［蒸し煮にしておく］

牡蠣のムニエル（12ヶ分）

カンカル産の生牡蠣＊　1ダース（12ヶ）
小麦粉　100g
有塩バター［澄ます］　50g
塩、白挽きコショウ

ワカメ入りバター

有塩バター　100g
　［室温に戻しておく］
粉末ワカメ　大さじ2
　（乾燥ワカメを粉末にしてもよい）

＊カンカルの牡蠣：
　［huître de Cancale］
　（p28参照）

ACCORD PARFAIT

相性のよいシードル

*Cidre allemand
Asekt Brut de Dolde.*

シードル・アルマン・
アゼクト・ブリュット・ドゥ・ドルデ

ドイツ産。辛口。
ミネラル感が立つ果実味。
気泡は、弾けるように強いが、
細かい。

GALETTE HUÎTRES
POITRINE FUMÉE, PETITS POIS

このレシピには、あまり大粒の牡蠣ではなく、でも肉厚のものを選んでください。カンカル湾で養殖されている"ツァースカヤ(=tsarskaya)"と呼ばれる牡蠣であれば言うことはありませんが、他の種類の牡蠣でも、身のやせた水っぽい牡蠣だけは避けるようにしてください。

ガレット・ユイットル／ポワトゥリヌ・フュメ、プティ・ポワ
牡蠣のガレット、ベーコンとグリーンピース

1. **牡蠣のムニエルを作る**：牡蠣の身を殻から取り出し、キッチンペーパーでしっかりと水気を吸い取る。小麦粉をまぶし、表面がきつね色になるように、澄ましバターで焼く。塩、コショウをして保温しておく。

2. 有塩バターと粉末ワカメを混ぜ合わせて、ワカメ入りバターを作り、冷蔵庫に入れておく。

3. 熱しておいたクレープ器の鉄板にガレット生地を流し、ラトーで回し広げる。具材を入れずに生地だけ焼き上げて、ワカメ入りバターを表面に塗る。

4. ガレット生地に焼き色がついたら、長方形に仕上がるように、生地の周囲をスパチュールで4ヶ所折りたたみ、お皿に盛り付ける。

5. フライパンにバターを溶かして、ベーコンを焼く。ベーコンが香ばしく焼けたら、エシャロットのみじん切りとグリーンピースを加え、軽く炒める。生クリームを加え、煮詰める。

6. ガレットの上にベーコンとグリーンピースを盛り付け、保温しておいた牡蠣のムニエルをのせ、溶かしたワカメ入りバターをかけて提供する。

GALETTE CREVETTES

FÈVES, SAUCE CURRY CORSAIRE

調理時間:35分
加熱時間:10分

ガレット1枚分

ソバ粉のガレット生地　120g
グリュイエールチーズ[おろす]　20g
有塩バター[溶かす]　15g
ゆでたエビ　50g
ゆでたそら豆　30g
コルセール風カレーソース　40g
葉付きエシャロット　1ヶ
オリーヴオイル、塩

コルセール風カレーソース

スライスしたニンニク　2枚
エシャロット[みじん切り]　小さじ1
オリーヴオイル　大さじ2
エビの頭　4尾分
　（下記のガルニチュールの
　エビの頭を使う）
白ワイン（辛口）　100ml
水　200ml
タイム　1本
トマト[粗く刻む]　大さじ2
カレースパイス　小さじ½
　=curry corsaire/
　Épices Olivier Roellinger® =
　（キュリー・コルセール／
　エピス・オリビエ・ロランジェ）
有塩バター　15g

ガルニチュール

そら豆　1kg
エビ　250g
　（ブラックタイガー、大正エビ、
　天使エビ、芝エビ、甘エビなど）
クールブイヨン　500ml

ACCORD PARFAIT

相性のよいシードル

*Cidre de Bretagne brut
Blanc d'Armçorique
de François Séhédic.*

シードル・ドゥ・ブルターニュ・ブリュット・
ブラン・ダルモリック・
ドゥ・フランソワ・セエディック

ブルターニュ産。辛口。
軽い舌触りとインパクトの
あるフルーティな香り。

調理時間を短縮したい場合は、鮮魚店かスーパーでゆでエビを購入してください。その場合は、質のよいエビを選ぶようにしましょう。レシピで使用している"キュリー・コルセール=curry corsaire="というカレースパイスは、魚介類（言うまでもなく、カンカル湾で獲れるもの！）に合うよう特別に考えられた香辛料です。フランスにあるオリビエ・ロランジェ氏のエピスリー店で売られていますが、インターネットのオンライン（www.epices-roellinger.com）でも購入出来ます。

ガレット・クレヴェット／フェーヴ、ソース・キュリー・コルセール
エビのガレット、そら豆とコルセール風カレーソース

1. **ガルニチュールを作る**：そら豆を莢から取り出す。沸騰しているお湯の中で1分ゆで、すぐに氷水の中に入れる。指で薄皮を取り除いておく。別の鍋にクールブイヨンを沸かし、エビをゆでる。クールブイヨンから取り出して水気を切り、冷めたら殻から身をはずしておく。エビの頭4尾分はソース用に残しておく。

2. **コルセール風カレーソースを作る**：鍋にオリーヴオイルを熱して、スライスしたニンニクとみじん切りのエシャロットを入れ、色をつけないように弱火で炒める。エビの頭、刻んだトマトとタイムを加え、全体を潰しながら炒め合わせる。エビのよい香りが立ってきたら、白ワインと水を加え、1/3量を煮詰める。別の鍋に目の細かい漉し器をのせ、煮詰めたソースを漉す。カレースパイスを加え、ソースに濃度がつくまでさらに煮詰める。火からおろして、鍋をゆらしながらバターを加えて乳化させる。味をみて調える。保温しておく。

3. 葉付きエシャロットを縦2つに切り、クレープ器の鉄板の上で香ばしくグリルする。オリーヴオイルをふりかけて、塩をふり、取り置く。

4. 熱しておいたクレープ器の鉄板にガレット生地を流し、ラトーで回し広げる。ガレットにバターを塗る。チーズをちらし、ガレットを短冊状にカットする。

5. 短冊状のガレットをロール状に巻き、お皿の中央に盛り付ける。ゆでたエビとそら豆をのせる。グリルしたエシャロットを加えて、カレーソースをかける。

GALETTE MOULES DE BOUCHOT

SAUCE AU CIDRE ET AU CURCUMA

調理時間：20分
加熱時間：15分

ガレット1枚分

ソバ粉のガレット生地　120g
ムール貝とガルニチュールの
　ターメリック風味のシードルソース
　　　　　　　　　　　　80g
有塩バター[溶かす]　10g
サフラン　ひとつまみ
イタリアンパセリ[みじん切り]　少々

**ムール貝とガルニチュールの
ターメリック風味のシードルソース**

ムール貝　1kg
　（ムール・ドゥ・ブショー*）
ニンジン(小)　1本
ズッキーニ(小)　1本
セロリ　1本
有塩バター　20g+15g(ソース用)
エシャロット　2ヶ
　[細かいみじん切り]
タイム　1本
シードル　200ml
クレーム・エペス　100ml
　(p48参照)
ターメリック　小さじ½
塩、白挽きコショウ

*ムール・ドゥ・ブショー：
[moule de bouchot]
フランス北西部で養殖されている
ムール貝。小粒だが、身は濃厚で
美味しい。ブショー（bouchot）は、
養殖に用いる杭のことを意味する。

ACCORD PARFAIT

相性のよいシードル

*Cidre de Jersey
La Mare Wine Estate.*

シードル・ドゥ・ジャージー・
ラ・マレ・ワイン・エステート

ジャージー島産。
口当たりのよい辛口。
繊細なフルーティ感と
洋梨の香り。活発な気泡。

ガレット・ムール・ドゥ・ブショー／ソース・オ・シードル・エ・オ・キュルキュマ
ムール貝のガレット、ターメリック風味のシードルソース

1 ガルニチュールを作る：ムール貝は表面のよごれをタワシなどでよくこすり落とし、貝から出ている足糸を取り除き、水洗いをして下処理する。ニンジン、ズッキーニ、セロリを同じ大きさの棒状に切る。鍋にバターを溶かし、みじん切りにしたエシャロットを弱火で炒める。ムール貝、タイム、シードルを加えて蓋をする。鍋を1～2回ゆすりながら、ムール貝の口が開くまで強火で加熱する。

2 ソースを作る：ムール貝の口が開いたら、鍋から取り出す。蒸し汁の残った鍋の中で、棒状に切った野菜を手短に加熱する。小さめの鍋に蒸し汁を取り出し、煮詰める。クレーム・エペス、ターメリックを加え、仕上げにバターを入れる。味をみて、足りなければ塩とコショウで調える。ムール貝の身を殻から取り出し、ソースの中に加える。保温しておく。

3 熱しておいたクレープ器の鉄板にガレット生地を流し、ラトーで回し広げる。表面にバターを塗る。正方形に仕上がるように、生地の周囲をスパチュールで4ヶ所折りたたみ、お皿に盛り付ける。

4 ガレットの上に保温しておいたガルニチュールとソースをのせ、みじん切りにしたイタリアンパセリとサフランをちらして提供する。
（写真は、ムール貝の殻に身を残したままの盛り付け例）

調理時間：10分
加熱時間：18分

◇◇◇◇◇◇◇◇◇◇◇◇◇

ガレット1枚分

ソバ粉のガレット生地　150g
燻製ニシン　60g
　[一口大にそぎ切り]
ジャガイモ　50g
　[フライパンで焼く]
クレーム・エペス　20g
　(p48参照)
ニシンの卵のキャビア　10g
有塩バター[溶かす]　10g

ガルニチュール

サン＝マロ産ジャガイモ＊　500g
　[皮付きのまま]
有塩バター　20g
塩

＊ 燻製ニシン：[hareng fumé]
　(p28参照)

＊ サン＝マロ産ジャガイモ：
　[pomme de terre de Saint-Malo]
　(p32参照)

ACCORD PARFAIT

相性のよいシードル

Cidre de Normandie brut Huisnes d'Etienne Leroy.

シードル・ドゥ・ノルマンディー・
ブリュット・ユイヌ・
デティエンヌ・ルロワ

ノルマンディー産。辛口。
苦味と塩味がしっかり
際立ってはいるが、
口の中に含むと
やわらいでくる。

GALETTE HAREng FUMÉ

POMMES DE TERRE DE SAINT-MALO

ガレット・アラン・フュメ／ポム・ドゥ・テール・ドゥ・サン＝マロ

燻製ニシンのガレット、サン＝マロ産のジャガイモ

1　塩を入れた水の中にジャガイモを入れ、15分ゆでる。ゆで汁を切って、半分に切る。バターを入れたフライパンで、軽いきつね色になるまで焼く。

2　熱しておいたクレープ器の鉄板にガレット生地を流し、ラトーで回し広げる。生地の表面が乾いてきたら、焼いたジャガイモと燻製ニシンをのせる。

3　クレーム・エペスとニシンの卵のキャビアを混ぜ合わせ、ジャガイモの上にかける。蓋をかぶせて全体を温める。

4　ガレット生地に火が通り、ガルニチュールが温まったら、蓋をはずす。正方形に仕上がるように、生地の周囲をスパチュールで4ヶ所折りたたむ。

5　表面にバターを塗り、お皿に盛り付ける。

POISSON EN CROÛTE DE SARRASIN

SAUCE BEURRE BLANC AU CIDRE

調理時間：20分
加熱時間：1時間

ガレット1枚分

ソバ粉のガレット生地　50g
魚のフィレ（白身魚）　80g
有塩バター［溶かす］　30g
ジャガイモ　20g
　［ゆでてスライスする］
シイタケ［スライスする］　1/2枚
オリーヴオイル
タイム　少々

ブルグル

タマネギ　15g
ニンジン　10g
ベーコン　10g
小松菜　10g
マッシュルーム　25g
挽き割り小麦（ブルグル）　50g
鶏のブイヨン　125ml
　（必要な場合は＋α）
　またはフュメ・ド・ポワソン
有塩バター
塩、白挽きコショウ

シードル風味のバターソース

エシャロット　50g
　［細かいみじん切り］
リンゴ　1/4ヶ
有塩バター　200g
シードルヴィネガー　50g
シードル（辛口）　200ml
フュメ・ド・ポワソン　150ml
クレーム・エペス　100ml
　（p48参照）
塩、白挽きコショウ
イタリアンパセリ

ACCORD PARFAIT

相性のよいシードル

Cidre de Bretagne Nérios de Johanna Cécillon.

シードル・ドゥ・ブルターニュ・ネリオ・ドゥ・ジョアンナ・セシロン

ブルターニュ産。
複雑味のある辛口。タンニン、有機リンゴ本来の風味。
最後にヨードのテイストがふわっと香る。

ポワソン・アン・クルート・ドゥ・サラザン／ソース・ブール・ブラン・オ・シードル

魚のソバ粉クルート包み、シードル風味のバターソース

1　シードル風味のバターソースを作る：エシャロットを細かいみじん切りにする。皮をむいたリンゴを1cmの角切りにする。鍋の中にエシャロットとリンゴ、バター、塩ひとつまみとコショウを少々入れる。蓋をして弱火にかける。エシャロットから水分が出てしんなりとしてきたら、シードルヴィネガーを加え、蓋をはずした状態で水分がなくなるまで煮詰める。シードルを加えてさらに煮詰める。ソース全体にツヤが出てきたら、魚のフュメを加えて2/3量になるまで煮詰める。クレーム・エペスを加え、全体の半分量になるまでさらに煮詰める。別の鍋に目の細かい網をのせてソースを漉す。保温しておく。

2　ブルグルを作る：タマネギ、ニンジン、小松菜、ベーコンを細かく切る。マッシュルームは薄くスライスする。鍋に少量のバターを溶かして、まずベーコンを炒める。ベーコンの香りが立ってきたら、野菜類を加えて少ししんなりするまで炒める。挽き割り小麦と鶏のブイヨンまたは魚のフュメを加え、一度沸騰させる。浮いてきたアクを取り除き、蓋をして弱火で15分煮る。加熱後は蓋をしたまま20分休ませる。塩とコショウをする。保温しておく。

3　熱したクレープ器の鉄板にガレット生地を流す。楕円形になるようにラトーで広げる。生地の表面が乾いてきたら、鉄板からはがし取り、冷ましておく。

4　オーヴンの予熱を200℃にする。魚のフィレに塩とコショウをする。魚とスライスしたジャガイモ、シイタケを、ミルフィーユのように重ねる。ガレット生地で巻いて包む。

5　熱したフライパンにオリーヴオイルを入れ、ガレットの巻き終わりを下向きにして焼き、途中で裏返してタイムをのせ、火からおろし、オーヴンで5〜6分加熱する。塩とコショウをして、表面にバターをたっぷり塗る。

6　ブルグルを器に盛り付ける。ガレットで包んだ魚をお皿に盛り付け、刻んだイタリアンパセリをのせたたっぷりのソースを添える。

GALETTE SAUCISSE

POMMES DE TERRE, CHAMPIGNONS

調理時間：10分
加熱時間：1時間10分

◇◇◇◇◇◇◇◇◇◇◇◇◇

ガレット1枚分

ソバ粉のガレット生地　150g
ソーセージ　80g
ジャガイモのコンフィ　60g
マッシュルーム　40g
　［バターでソテーする］
ラクレットチーズ　15g
　［おろす］
有塩バター［溶かす］　10g
黒挽きコショウ

ジャガイモのコンフィ

サン＝マロ産のジャガイモ*　1kg
オリーヴオイル　1L
ニンニク　3片
フレッシュローズマリー　2枝
フレッシュタイム　2枝
フルール・ド・セル
黒挽きコショウ

＊サン＝マロのジャガイモ：
　[pomme de terre de Saint-Malo]
　(p32参照)

ACCORD PARFAIT

相性のよいシードル

Cidre de Bretagne brut fermier du domaine Prié.

シードル・ドゥ・ブルターニュ・ブリュット・フェルミエ・デュ・ドメーヌ・プリエ

ブルターニュ産。辛口。有機リンゴ本来の風味が感じられるような控えめなフルーティ感。濃密な泡立ち。

ガレット・ソーシス／ポム・ドゥ・テール、シャンピニョン

ソーセージのガレット、ジャガイモとマッシュルーム

1　ジャガイモのコンフィを作る：オーヴンの予熱を180℃に上げておく。ジャガイモは皮付きのまま水洗いをしてよごれを落とし、水気を拭き取る。オーヴンに入る大きさの鍋や耐熱容器にジャガイモを入れ、オリーヴオイルを注ぎ入れて、ジャガイモが完全にオイルに浸かっている状態にする。縦半分に切ったニンニク、タイムとローズマリーを加える。オーヴンに入れて1時間加熱する。加熱後、ジャガイモをオイルから取り出し、フルール・ド・セル、コショウで味をつける。

2　熱しておいたクレープ器の鉄板の上で、ソーセージを香ばしくグリルする。

3　熱しておいたクレープ器の鉄板にガレット生地を流し、ラトーで回し広げる。グリルしたソーセージ、ジャガイモのコンフィ、バターでソテーしたマッシュルームを加える。

4　おろしたラクレットチーズをちらして、蓋をかぶせて全体を温める。チーズが溶けて熱くなったら、生地の周囲をスパチュールで4ヶ所折りたたむ。表面にバターを塗り、お皿に盛り付ける。好みでコショウをかけてもよい。

調理時間：15分
加熱時間：25分

◇◇◇◇◇◇◇◇◇◇◇◇◇◇

ガレット1枚分

ソバ粉のガレット生地　150g
春野菜　6種類
　（ニンジン、カブ、フェンネル、
　グリーンピース、インゲン、
　セロリのやわらかい中心部、
　新タマネギなど、好みの野菜）
　[洗って皮をむく]
プティサヴォワイヤー　20g
　[おろす]（p55参照）
　またはコンテチーズ
パセリバター[溶かす]　20g
ホタテの身　2ヶ
ベーコン　20g
オリーヴオイル
有塩バター[溶かす]　10g
塩、白挽きコショウ

ACCORD PARFAIT

相性のよいシードル

Cidre de Bretagne Divona de Johanna Cécillon.

シードル・ドゥ・ブルターニュ・
デヴォナ・ドゥ・ジョアンナ・
セシロン

ブルターニュ産。
ややスモーキーな
ニュアンスがある、
とても繊細なタンニンを
感じるシードルで、
空気に触れると、
フルーティさが出てくる。

GALETTE LÉGUMES DE PRINTEMPS

SAINT-JACQUES, POITRINE FUMÉE, BEURRE DE PERSIL

ガレット・レギューム・ドゥ・プランタン／サン＝ジャック、ポワトリンヌ・フュメ、ブール・ドゥ・ペルシ

春野菜のガレット、ホタテ、ベーコン、パセリバター

1　6種類の春野菜は、好みの調理方法（グリル、フライパンで焼く、蒸すなど…）でそれぞれに火を入れる。

2　熱しておいたクレープ器の鉄板にガレット生地を流し、ラトーで回し広げる。ガレット生地が楕円形になるように広げて、チーズとパセリバターをのせる。

3　ホタテの身にコショウをふる。少量のオリーヴオイルをフライパンに熱して、ホタテを入れ、片面2分、裏返して数秒焼く。

4　フライパンからホタテを取り出して、取り置く。同じフライパンに加熱しておいた野菜を入れ、温める程度に加熱する。

5　クレープ器の鉄板の端で、ベーコンの両面を香ばしくグリルする。

6　ガレット生地を正方形に折りたたみ、表面にバターを塗る。春野菜、ホタテとベーコンをガレットの上に盛り付ける。仕上げにパセリバターをふりかける。

GALETTE POITRINE DE PORC

POMMES DE TERRE, CHAMPIGNONS ET VINAIGRE D'ÉRABLE

調理時間：15分
加熱時間：7分

◇◇◇◇◇◇◇◇◇◇◇◇◇◇◇

ガレット1枚分

ソバ粉のガレット生地　120g
プティサヴォワイヤー　25g
　［おろす］(p55参照)
　またはコンテチーズ
紫ジャガイモ　30g
　［ゆでて、輪切り］
マッシュルーム　30g
　［ソテーしたもの］
豚バラ肉（塩漬け）　50g
　［3mmにスライス］
メープルヴィネガー　15g
シードル風味のオニオン
　コンフィ(p71参照)　30g
グリーンサラダ　20g
　［10gのヴィネグレットで和える］
有塩バター［溶かす］　10g
塩、黒挽きコショウ

ガレット・ポワトゥリンヌ・ドゥ・ポー／ポム・ドゥ・テール、シャンピニオン・エ・ヴィネイグル・デラブル

**豚バラのガレット、
ジャガイモ、マッシュルーム、メープルヴィネガー**

1　熱しておいたクレープ器の鉄板にガレット生地を流し、ラトーで回し広げる。ガレット生地が楕円形になるように広げる。

2　生地の上におろしたチーズ、輪切りにした紫ジャガイモ、ソテーしたマッシュルームをのせる。塩、コショウをする。長方形に仕上がるように、生地の周囲をスパテュールで4ヶ所折りたたむ。

3　豚バラ肉にコショウをふり、フライパンで香ばしくグリルする。豚バラ肉を取り出し、肉から出た余分な油脂を拭き取り、メープルヴィネガーを加え、フライパンの底についた肉のうまみ成分を煮溶かす。そのまま煮詰める。

4　ガレット生地の表面にバターを塗り、温めたオニオンコンフィ、豚バラ肉、ヴィネグレットで和えたグリーンサラダ、煮詰めたメープルヴィネガーと一緒にお皿に盛りつける。
（写真は、生地を長方形に折りたたむ途中の状態のもの）

ACCORD PARFAIT

相性のよいシードル

Cidre de Bretagne Lan Roch de Jean-Yves Prié.

シードル・ドゥ・ブルターニュ・ラン・ロッシュ・ドゥ・ジャン＝イヴ・プリエ

ブルターニュ産。
辛口の中でも、より甘口に近い。
腐葉土とフレッシュキノコの香りがする、やわらかい中辛口シードル。

調理時間：5分
加熱時間：8分

ガレット1枚分

ソバ粉のガレット生地　120g
鴨のフォワ・グラ　80g
干しいちじく　1ヶ
　（半割のもの）
シュシェン*　50g
フレッシュハーブ　20g
　（数種類ミックスしたもの）
ヴィネガー　少々
有塩バター［溶かす］　10g
塩、白挽きコショウ

＊シュシェン：[chouchen]
　（p35参照）

ACCORD PARFAIT

相性のよいシードル

Cidre de glace
<<neige première>>
de La Face cachée
de la pomme.

シードル・ドゥ・グラス・
<<ネージュ・プルミエ>>
ドゥ・ラ・ファス・カシェ・
ドゥ・ラ・ポム

バスク産。
初摘みリンゴのシードルは、
口の中に爽快感を残しながら、
酸味と甘味のバランスもよい。
重すぎることなく、
シロップ漬けの
フルーツの深い香りが
しっかりと際立っている。

GALETTE FOIE GRAS

FIGUE SÈCHE ET CHOUCHEN

ガレット・フォワ・グラ／フィグ・セッシュ・エ・シュシェン
フォワ・グラのガレット、干しいちじくとハチミツ酒

1　熱しておいたクレープ器の鉄板にガレット生地を流し、ラトーで回し広げる。ガレットにバターを塗る。スパチュールで4ヶ所を折りたたんで正方形にする。

2　フォワ・グラに塩、コショウをして、干しいちじくと一緒にフライパンで焼く。両方に火が通ったら、フライパンから取り出しておく。そのフライパンにシュシェンを注ぎ入れ、フライパンに付いたフォワ・グラのうまみ成分を煮溶かす。ツヤが出る状態まで煮詰める。

3　お皿にのせたガレット生地の上に干しいちじくとフォワ・グラを盛り付け、ヴィネグレットで味付けしたミックスハーブを添える。煮詰めたシュシェンのソースをかける。

GALETTE BOUDIN DE FERME

POMMES ET SAUCE CELTIQUE

調理時間：10分
加熱時間：1時間25分

ガレット1枚分

ソバ粉のガレット生地　150g
リンゴのキャラメリゼ　80g
農場手作りブーダン　80g
ケルト風ソース　20g
イタリアンパセリ　小さじ1
　［みじん切りにしたもの］
有塩バター［溶かす］　10g

リンゴのキャラメリゼ

リンゴ　2ヶ
有塩バター　30g
グラニュー糖　大さじ1

ブーダン

農場手作りブーダン　250g
　［輪切りにスライス］
有塩バター［澄ます］　20g

ケルト風ソース

シードル（中辛口）　1本（750ml）
シードル（甘口）　1本（750ml）
シードルヴィネガー　150ml
リンゴ（皮付きのまま半割）　5ヶ
　グラニー＝スミス種か
　ロイヤルガラ種
きび砂糖　200g
オレンジの皮　2本分
　［ピーラーでむいたもの］
レモンの皮　2本分
　［ピーラーでむいたもの］
シナモンスティック　2本

ACCORD PARFAIT

相性のよいシードル

Cidre de Bretagne doux Nantosuelta de Johanna Cécillon.

シードル・ドゥ・ブルターニュ・ドゥ・ナントスュルタ・ドゥ・ジョアンナ・セシロン

ブルターニュ産。辛口。陽射しを浴びて育ったリンゴの持つしっかりしたタンニンが甘さをやわらげてくれる。加熱したリンゴの香り。

ガレット・ブーダン・ドゥ・フェルム／ポム・エ・ソース・セルテック
農場手作りブーダンのガレット、リンゴとケルト風ソース

1. **ケルト風ソースを作る**：鍋にソースの材料すべてを合わせ、弱火にかけて約1時間煮詰める。シナモンスティックと柑橘類の皮を取り出し、目の細かい漉し器で漉す。密閉出来る保存瓶に入れて、冷蔵庫で保存する。

2. **リンゴのキャラメリゼを作る**：リンゴの皮をむき、縦8等分に切り分ける。リンゴの種と芯を除去する。フライパンにバターを溶かし、リンゴにやわらかく火が通るまで炒める。グラニュー糖を数回に分けて入れながら、リンゴを飴色にキャラメリゼする。もし、グラニュー糖が焦げてきたら、水を少し加えるとよい。

3. 熱しておいたクレープ器の鉄板にガレット生地を流し、ラトーで回し広げる。ガレットの表面が乾いてきたら、バターを塗り、裏返しにしてさらに10秒焼く。正方形に仕上がるように、生地の周囲をスパチュールで4ヶ所折りたたみ、裏返してお皿の上にのせる。

4. フライパンを熱して澄ました有塩バターを入れ、極弱火にする。輪切りにしたブーダンを加え、ゆっくり火を入れながら焼き色をつける。スパチュールを使ってブーダンを裏返して同様に焼く。この時、ブーダンがフライパンに貼り付いている場合もあるので、扱いに注意すること！

5. お皿にのせたガレットの上に、ほんのり温かいリンゴのキャラメリゼとグリルしたブーダンを盛り付ける。使う分だけのケルト風ソースを小鍋で煮詰め、濃度をつけてからガレットに回しかける。みじん切りにしたイタリアンパセリをちらす。

GALETTE POULET

POMME ET SAUCE AU CIDRE

調理時間：35分
加熱時間：1時間
＋3分（ガレット1枚につき）

ガレット1枚分

ソバ粉のガレット生地　120g
プティサヴォワイヤー　20g
　［おろす］(p55参照)
　またはコンテチーズ
有塩バター［溶かす］　6g
リンゴ［薄いくし形に切る］　1/4ヶ
鶏肉のシードル煮　100g
シードル風味のソース　20g
フレッシュハーブ［みじん切り］
塩、白挽きコショウ

鶏肉のシードル煮

鶏の手羽先　4本（250g）
シードルヴィネガー　50ml
シードル（辛口）　150ml
ニンニク［みじん切り］　2片
エシャロット［みじん切り］　50g
シイタケ［薄切り］　100g
　または、キノコの取り合わせ
リンゴ　1/2ヶ
　［皮をむいて、種と芯を除去し、
　3cmの角切りにする］
タイム　1枝
生クリーム　100g
有塩バター
オリーヴオイル
塩、白挽きコショウ

ACCORD PARFAIT

相性のよいシードル

Cidre de Bretagne brut de Francçis Séhédic.

シードル・ドゥ・ブルターニュ・ブリュット・ドゥ・フランソワ・セエディック

ブルターニュ産。辛口。インパクトのある良質の香りとしなやかさを持つ。やや苦味も感じる。

ガレット・プーレ／ポム・エ・ソース・オ・シードル
鶏肉のガレット、リンゴとシードル風味のソース

1 鶏肉のシードル煮を作る：鶏の手羽先に塩、コショウをする。フライパンにオリーヴオイルを熱して手羽先を焼く。香ばしい色がついたら、手羽先を取り出して、肉のうまみ成分が残ったフライパンに、シードルヴィネガーを注ぎ入れて煮溶かす。次にシードルを加え、沸騰したら火からおろしておく。煮込み用鍋かフライパンに、ニンニク、エシャロット、シイタケ、リンゴ、焼いた鶏の手羽先、バター少々、タイム、ひとつまみの塩、沸騰させたシードルを合わせ入れる。蓋をして、弱火にかけて30分煮込む。火を消して、蓋をしたままの状態で30分置いておく。30分経過したら、鍋の中から手羽先、シイタケ、リンゴを取り出しておく。手羽先は、骨を取り除き、手で身をほぐす。

2 シードル風味のソースを作る：別の鍋に目の細かい漉し器をのせ、煮込み汁を漉す。取り出しておいたリンゴを加え、煮汁と一緒に煮詰める。煮汁にツヤが出てきたら、生クリームを加え、全体の半分量になるまでさらに煮詰める。スティックミキサーで、なめらかになるまで攪拌する。塩、コショウをして、仕上げにバターを加える。

3 熱しておいたクレープ器の鉄板にガレット生地を流し、ラトーで回し広げる。ガレット生地が楕円形になるように広げ、おろしたチーズをちらし、長方形に仕上がるように生地をスパチュールで折りたたむ。表面にバターを塗る。

4 薄いくし形に切ったリンゴとシードル煮の鶏肉とシイタケをのせる。塩とコショウをふる。シードル風味のソースをかけて、刻んだハーブをちらす。
（写真は、くし形のリンゴをバターでソテーしたもの）

CRÊPES
DESSERTS

デザートクレープ

ブルターニュのクレープは、大きく、薄く、
やわらかく、軽く、弾力のある生地、
そして何より手早く焼き上げることです。
ただシンプルにバターと砂糖だけでも、
あるいは手のこんだ具材を添えても美味しくいただけます。
美味しく作るには、タイプ55、
またはタイプ65の有機小麦粉を選んでください。

＊フランスの小麦粉は、灰分量（ミネラル分）で分類されており、灰分量の少ないタイプ45から
　最も多いタイプ150があり、灰分量が多いほど風味が豊かになる。
　タイプ55または65は、0.5〜0.75％の灰分量を持つ、
　パン、ケーキ、タルトなど製菓一般に用いられる小麦粉。日本の小麦粉の場合、中力粉、準強力粉にあたる。

BAIE DU MONT SAINT-MICHEL
モン・サン＝ミッシェル湾

AMUSE CRÊPE®

MOUSSE AU CHOCOLAT BLANC ET AU THÉ MATCHA, FRAISES

調理時間：30分
冷蔵時間：4.5時間
加熱時間：2分
（クレープ1枚につき）

◇◇◇◇◇◇◇◇◇◇◇◇◇

クレープ3枚分

クレープ生地　240g
抹茶風味のホワイト
　チョコレートムース　220g
イチゴ　180g

**抹茶風味のホワイト
チョコレートムース**

生クリーム　80g
牛乳　45g
ホワイトチョコレート　120g
　ヴァローナ／イヴォワール
　= Valrhona/Ivoire =
　［小さく刻む］
抹茶　5g

ホワイトチョコレートは、デザートの抹茶味を最高に引き立ててくれます。3枚分のクレープ生地で作るこのアミューズ（おつまみ）は、食卓を囲むみんなでつまめるデザートクレープです。もちろんティータイムに出してもよいでしょう。

アミューズ・クレープ／ムース・オ・ショコラ・ブラン・エ・オ・テ・マッチャ、フレーズ
アミューズクレープ、抹茶風味のホワイトチョコレートムースとイチゴ

1. ムースを作る：刻んだホワイトチョコレートをボウルに入れ、湯煎の状態にして溶かす。チョコレートの温度が55℃を超えないよう注意する。鍋に牛乳と抹茶を入れ、火にかけて温める。泡立て器でかき混ぜながら、抹茶をしっかり牛乳に溶かす。溶かしたチョコレートと抹茶入り牛乳を混ぜ合わせ、完全に冷めるまでそのまま置く。生クリームをボウルに入れて泡立てる。クリームに角が立つ状態になったら、合わせておいた抹茶チョコレートの中に、2～3回に分けて泡立てた生クリームを混ぜ込み、さっくりと切るように混ぜる。ムースをステンレス製のボウルの中に移し入れ、ラップフィルムを密着させて覆い、冷蔵庫に入れて完全に冷やしておく（約3時間）。

2. クレープ生地を3枚分焼く。スパチュールでまな板の上に移して、平らな状態にして冷ましておく。

3. イチゴを洗って、ヘタを除去する。

4. クレープ生地の下半分の面積にチョコレートムースを塗り広げる。ムースを塗った部分の真ん中に、イチゴを水平に並べる。中に空気が入らないようにしながら、クレープ生地の下から巻き上げていく。同じものを3本作る。巻き終わったら、ラップフィルムでしっかり包む。

5. 冷蔵庫の中に入れて、最低でも1時間半は冷やしておく。

6. ロール状のクレープの両端を少し切り落として、それぞれを8等分に切り分ける。切り分ける時は、包丁をお湯で温めると切りやすい。一口大のアミューズクレープをお皿に盛り付ける。

ACCORD PARFAIT

相性のよいシードル

*Cidre d'Alsace
demi-sec
de Damien Zerr.*

シードル・ダルザス・
ドゥミ＝セック・
ドゥ・ダミアン・ゼル

アルザス産。中辛口。シャンパンのようなエレガンスさとポワレ（洋梨シードル）のようなコクがある。白い果実、特に洋梨に似た香りがする。

CRÊPES DESSERTS　デザートクレープ

AMUSE CRÊPE®

CHOCOLAT, CARAMEL, GINGEMBRE

アミューズ・クレープ／ショコラ、キャラメル、ジャンジョンブル
アミューズクレープ、チョコレートとジンジャー風味キャラメル

調理時間：25分
冷蔵時間：4.5時間
加熱時間：2分
（クレープ1枚につき）

◇◇◇◇◇◇◇◇◇◇◇◇◇◇◇◇◇

クレープ3枚分

クレープ生地　240g
チョコレートムース　240g
ジンジャー風味キャラメル　10g

チョコレートムース

ダークチョコレート　100g
　ヴァローナ／グアナラ・カカオ70%
　=Valrhona/Guanaja 70%=
牛乳　60g
生クリーム　140g

ジンジャー風味キャラメル

（約500g分）
グラニュー糖　300g
有塩バター　135g
生ショウガ　40g
　［細かくすりおろす］
浄水　150ml
浄水　75ml

ACCORD PARFAIT

相性のよいシードル

Cidre de Bretagne Nantosuelta.

シードル・ドゥ・ブルターニュ・ナントスゥルタ

ブルターニュ産。
甘口でしっかりとしている。
後味に軽い苦味を感じる。
焼きリンゴとスパイスの風味がある。

1　**チョコレートムースを作る**：刻んだチョコレートをボウルに入れ、湯煎の状態にして溶かす。牛乳を鍋に入れて、沸騰させないように軽くひと煮立ちさせる。溶かしたチョコレートの中に牛乳を加え混ぜ、完全に冷めるまでそのまま置く。生クリームを軽く角が立つくらいまで泡立て、チョコレートのボウルの中に2〜3回に分けて加え、さっくりと混ぜ合わせる。すべてのチョコレートムースをステンレス製のボウルの中に移し入れ、ラップフィルムを密着させて覆い、冷蔵庫に入れて完全に冷やしておく（約3時間）。

2　**ジンジャー風味キャラメルを作る**：鍋にグラニュー糖と150mlの水を入れて火にかけ、琥珀色のキャメルになるまで煮詰める。火からおろして、バターとおろしたショウガを加える。キャラメルのブクブクする泡が消えて落ち着いたら、75mlの水を少しずつ加え、鍋肌に跳ねたキャラメルを剥離させる。ステンレス製のボウルに移して冷ましておく。バターとキャラメルが分離しないように、時々攪拌する。目の細かい漉し器で漉し（よりなめらかな仕上がりにしたい場合）、密閉の保存瓶に入れておく。

3　クレープ生地を3枚焼く。スパチュールでまな板の上に移し、平らな状態にして冷ましておく。

4　クレープ1枚に対して、クネル形（スプーンですくってラグビーボール状にしたもの）にしたチョコレートムース（1ヶ＝10g）を、各8ヶずつ用意する。クレープ生地の上部に、チョコレートムースのクネルを水平に並べる。空気が中に残らないように、ラップフィルムを使って絞めるように巻いていく。

5　冷蔵庫の中に入れて、最低でも1時間半は冷やしておく。

6　ロール状のクレープの両端を少し切り落として、それぞれを8等分に切り分ける。切り分ける時は、包丁をお湯で温めると切りやすい。一口大のアミューズクレープをお皿に盛り付け、ジンジャー風味キャラメルをかける。
（写真は、キャラメルソースと細切りにした生のジンジャーを別添えにした盛り付け例）

GALETTE POMMES CARAMÉLISÉES

CARAMEL AU BEURRE SALÉ, CANNELLE ET GLACE VANILLE

調理時間：30分
加熱時間：20分
＋2分（クレープ1枚につき）

◇◇◇◇◇◇◇◇◇◇◇◇◇◇◇

ガレット1枚分

ソバ粉のガレット生地　120g
リンゴのキャラメリゼ　80g
シナモン風味
　キャラメルブールサレ®　25g
ヴァニラアイスクリーム
　　　　　ディッシャー1杯分

リンゴのキャラメリゼ

リンゴ　2ヶ
有塩バター　30g
グラニュー糖　大さじ2

シナモン風味キャラメルブールサレ®

（約400g分）
グラニュー糖　300g
有塩バター　135g
シナモンパウダー　小さじ1
浄水　150ml
浄水　75ml

この独創的なデザートレシピは、もともとソバ粉のガレット生地をベースに作られたものです。小麦粉のクレープで作っても美味しくいただけます。

ガレット・ポム・キャラメリゼ／キャラメル・オ・ブール・サレ、カネル・エ・グラス・ヴァニーユ
リンゴのキャラメリゼのガレット、シナモン風味キャラメルブールサレとヴァニラアイスクリーム

1. リンゴのキャラメリゼを作る：リンゴの皮をむき、縦8等分に切り分ける。リンゴの種と芯を除去する。フライパンにバターを溶かし、リンゴにやわらかく火が通るまで炒める。グラニュー糖を数回に分けて入れながら、リンゴを飴色にキャラメリゼする。もし、グラニュー糖が焦げてきたら、水（分量外）を少し加えるとよい。

2. シナモン風味キャラメルブールサレを作る：鍋にグラニュー糖と150mlの水を入れて火にかけ、琥珀色のキャメルになるまで煮詰める。火からおろして、バターとシナモンパウダーを加える。キャラメルのブクブクする泡が消えて落ち着いたら、75mlの水を少しずつ加え、鍋肌に跳ねたキャラメルを落とす。ステンレス製のボウルに移して冷ましておく。バターとキャラメルが分離しないように、時々攪拌する。密閉の保存瓶に入れておく。

3. 熱しておいたクレープ器の鉄板にガレット生地を流し広げる。ガレット生地が焼き上がったら、正方形に仕上がるように、生地の周囲をスパチュールで4ヶ所折りたたみ、裏返しにしてお皿にのせる。

4. ガレットの中央にリンゴのキャラメリゼをのせ、キャラメルブールサレをかける。ヴァニラアイスクリームを、リンゴの真ん中にのせる。

ACCORD PARFAIT

相性のよいシードル

Cidre de Mashique demi-sec 2013.

シードル・ドゥ・マシケ
ドゥミ＝セック2013

北海道の増毛フルーツワイナリー（有限会社ホリタック）が製造。
北海道産。中辛口。
細かい気泡の繊細な甘味には、リンゴの酸味を伴った、キャラメルのような風味を感じる。

CRÊPES DESSERTS　デザートクレープ

調理時間：5分
加熱時間：2分
(ガレット1枚につき)

◇◇◇◇◇◇◇◇◇◇◇◇◇◇◇◇◇◇

ガレット1枚分

ソバ粉のガレット生地　120g
ソバの花のハチミツ　20g
ソバ風味のアイスクリーム
　　　　　ディッシャー1杯分
ソバの実のスフレ　2g
　(p47参照)

GALETTE SARRASIN

MIEL, GLACE, GRAINES SOUFFLÉES

ガレット・サラザン／ミエル、グラス、グレヌ・スフレ
ソバ粉のガレット、ハチミツ、アイスクリーム、ソバの実のスフレ

1 熱しておいたクレープ器の鉄板にガレット生地を流し広げる。

2 ガレット生地が焼き上がったら、生地をスパチュールで4つに折りたたみ、お皿にのせる。

3 ソバの花のハチミツをかけて、ソバ風味のアイスクリームを添える。ソバの実のスフレをちらす。

ACCORD PARFAIT

相性のよいシードル

*Cidre basque demi-sec
Basandere du domaine
Bordatto.*

シードル・バスク・ドゥミ＝セック・
バッサンドル・デュ・ドメーヌ・
ボルダット

バスク産。中辛口。
甘さと加熱したリンゴの風味の
バランスがとてもよい。
微発泡で、後味に軽い苦味を
感じる。

CRÊPE SUCRE ROUX

BEURRE BORDIER

調理時間：5分
加熱時間：2分
（クレープ1枚につき）

◇◇◇◇◇◇◇◇◇◇◇◇◇◇

クレープ1枚分

クレープ生地　80g
有塩バター　40g
　＝ボルディエ Bordier＝
カソナード　6g

クレープ・シュクル・ルゥ／ブール・ボルディエ
砂糖のクレープ、ボルディエバター

1　熱しておいたクレープ器の鉄板にクレープ生地を流し広げる。

2　クレープ生地が焼き上がったら、生地をスパチュールで4つに折りたたみ、お皿にのせる。

3　クレープが熱いうちにバターをのせ、カソナードをふりかける。

ACCORD PARFAIT

相性のよいシードル

Cidre de Bretagne demi-sec au Bonheur des Pommes.

シードル・ドゥ・ブルターニュ・ドゥミ＝セック・オ・ボヌール・デ・ポム

ブルターニュ産。中辛口。リンゴを丸かじりしたような酸味が、口の中に広がる。

CRÊPES DESSERTS　デザートクレープ

調理時間：5分
加熱時間：2分
（クレープ1枚につき）

◇◇◇◇◇◇◇◇◇◇◇◇

クレープ1枚分

クレープ生地　80g
リンゴの花のハチミツ　12g
レモン汁　数滴
レモンのスライス　2枚

CRÊPE CITRON

MIEL DE POMMIER

クレープ・シトロン／ミエル・ドゥ・ポミエ
レモンのクレープ、リンゴの花のハチミツ

1. 熱しておいたクレープ器の鉄板にクレープ生地を流し広げる。

2. クレープ生地が焼き上がったら、生地をスパチュールで4つに折りたたみ、お皿にのせる。

3. クレープ生地にリンゴの花のハチミツをかけ、レモン汁をふりかける。レモンのスライスを飾る。

ACCORD PARFAIT

相性のよいシードル

Cidre de Bretagne doux de Jean-Pierre Sémery.

シードル・ドゥ・ブルターニュ・ドゥー・ドゥ・ジャン＝ピエール・セムリー

ブルターニュ産。甘口。軽く生き生きした味わい。青リンゴの澄んだ風味。

調理時間:20分
加熱時間:2分
(クレープ1枚につき)

◇◇◇◇◇◇◇◇◇◇◇◇◇◇

クレープ1枚分

クレープ生地　80g
フレッシュバナナ　150g
カソナード　6g
ラム風味のキャラメルソース　25g

ラム風味のキャラメルソース
(約500g分)
グラニュー糖　300g
生クリーム　40g
ダークラム　18ml
有塩バター　135g
浄水　150ml
浄水　40ml

ACCORD PARFAIT

相性のよいシードル

*Cidre de Bretagne
Carpe Diem
d'Eric Baron.*

シードル・ドゥ・ブルターニュ・
カルプ・ディエム・
デリック・バロン

ブルターニュ産。
オーク樽で作られる
このシードルは、まろやかで、
洗練され、繊細。
木の香りとヴァニラの
風味を持つ。
なめらかな泡立ち。

CRÊPE BANANE

SAUCE CARAMEL AU RHUM

クレープ・バナンヌ／ソース・キャラメル・オ・ロム

バナナのクレープ、ラム風味のキャラメルソース

1 **ラム風味のキャラメルソースを作る**：鍋にグラニュー糖と150mlの水を入れて火にかけ、琥珀色のキャメルになるまで煮詰める。火からおろして、泡立て器で全体を混ぜながら、キャラメルが跳ねないように、40mlの水と生クリームを少しずつ加える。ラムを加えて再び数分加熱したら、火からおろしてバターを入れる。密閉の保存瓶の中に入れておく。

2 バナナの皮をむいて、5〜6等分に切り分ける。

3 バナナの切断面にカソナードをふりかけ、トーチガスバーナーで香ばしくキャラメリゼする。または、バターとカソナードをフライパンに入れ、輪切りのバナナをキャラメリゼしてもよい。

4 熱しておいたクレープ器の鉄板にクレープ生地を流し広げる。クレープ生地が焼けたら、生地をスパチュールで4つに折りたたみ、お皿にのせる。

5 クレープ生地にバナナをのせて、ラム風味のキャラメルソースをかける。

調理時間：25分
加熱時間：2分
（クレープ1枚につき）

◇◇◇◇◇◇◇◇◇◇◇◇◇◇

クレープ1枚分

クレープ生地　80g
レモンクリーム　40g
レモンの皮　少々
　[すりおろす]
ライムの皮　少々
　[すりおろす]

レモンクリーム
レモン汁　80g
グラニュー糖　75g
全卵　1ヶ＋卵黄　1ヶ分
有塩バター　100g
　＝ボルディエ Bordier＝

CRÊPE CITRON

CRÈME DE CITRON ET ZESTES

クレープ・シトロン／クレーム・ドゥ・シトロン・エ・ゼスト

レモンのクレープ、レモンクリームとレモンピール

1. **レモンクリームを作る**：ボウルの中に全卵、卵黄、グラニュー糖を入れて、クリーム色になるまで泡立て器で撹拌する。レモン汁を加え、泡立て器で混ぜながら、湯煎にかけて加熱する（湯煎のお湯は、沸騰させないようにふつふつと気泡が立つ程度の状態にする）。とろみが出てきたら、火からおろして有塩バターを加える。バターが溶けるまで混ぜ合わせて、そのまま冷ましておく。

2. 熱しておいたクレープ器の鉄板にクレープ生地を流し広げる。クレープ生地が焼けたら、生地をスパチュールで4つに折りたたみ、お皿にのせる。

3. クレープにレモンクリームを塗る。

4. クレープにレモンの皮とライムの皮をちらす。

ACCORD PARFAIT

相性のよいシードル

Cidre des Ardennes demi-sec Le Flatteur du domaine Capitaine.

シードル・デ・アルデンヌ・ドゥミ＝セック・ル・フラトゥー・デュ・ドメーヌ・キャピテーヌ

アルデンヌ県産。中辛口。
すべてにおいて繊細に作られた、
グルメなシードルは、
爽やかで軽い。

調理時間: 20分
加熱時間: 20分
(クレープ1枚につき)

◇◇◇◇◇◇◇◇◇◇◇◇◇◇

クレープ1枚分

クレープ生地　80g
洋梨の白ワイン煮　1ヶ
チョコレートソース　40g
アーモンドのキャラメリゼ　適量

洋梨の白ワイン煮

洋梨　8ヶ
白ワイン　750ml
カソナード　150g
オレンジ　1ヶ
　[輪切りにする]
ヴァニラ　1本
　[莢を縦に割く]
シナモンスティック　1本
ハチミツ　20g

アーモンドのキャラメリゼ

スライスアーモンド　50g
グラニュー糖　30g

チョコレートソース

ダークチョコレート　100g
牛乳　100ml

CRÊPE POIRE

VIN BLANC, CHOCOLAT, AMANDES

ブルターニュのクレープに、フランス伝統のデザートである"ベル=エレーヌ（美しきエレーヌ）"を装ったアレンジです。

クレープ・ポワール／ヴァン・ブラン、ショコラ、アマンド

洋梨の白ワイン煮のクレープ、チョコレートとアーモンド

1　**洋梨の白ワイン煮を作る**：洋梨の皮をむいて、縦半分に切り、芯と種をくり抜く。鍋に白ワインとカソナード、オレンジの輪切り、ヴァニラ、シナモンスティック、ハチミツを入れてひと煮立ちさせる。洋梨を入れて、弱火で20分煮る。火からおろして、そのまま冷ましておく。

2　**アーモンドのキャラメリゼを作る**：グラニュー糖を鍋に入れ、火にかけて琥珀色のキャラメルを作り、アーモンドを加え混ぜる。アーモンドにキャラメルがしっかりコーティングされたら、取り出して冷ます。アーモンドがバラバラになるように、フォークなどでほぐしておく。

3　**チョコレートソースを作る**：細かく刻んだチョコレートを、温めた牛乳で溶かす。なめらかなチョコレートソースになるように、しっかり混ぜ合わせ、保温しておく。

4　熱しておいたクレープ器の鉄板にクレープ生地を流し広げる。クレープ生地が焼けたら、生地をスパチュールで4つに折りたたみ、お皿にのせる。

5　クレープにチョコレートソースをかけて、中央に洋梨の白ワイン煮をのせる。アーモンドのキャラメリゼをちらす。

ACCORD PARFAIT

相性のよいシードル

Poiré de Mayenne brut Granit d'Éric Bordelet.

シードル・ドゥ・マイエンヌ・ブリュット・グラニト・デリック・ボードレ

マイエンヌ県産。辛口ポワレ。よく熟した洋梨のまろやかさと繊細ながら、存在感のあるタンニンを持つ。

CRÊPES DESSERTS　デザートクレープ

CRÊPE PÊCHE POCHÉE

COULIS DE FRAMBOISES, GLACE VANILLE

調理時間：5分
加熱時間：2分
（クレープ1枚につき）

◇◇◇◇◇◇◇◇◇◇◇◇◇◇

クレープ1枚分

クレープ生地　80g
桃のポッシェ　1ヶ
フランボワーズのクーリ　少々
ヴァニラアイスクリーム
　　　　　ディッシャー1杯分

桃のポッシェ（シロップ煮）

白桃　9〜10ヶ
グラニュー糖　250g
白ワイン　130ml
浄水　500ml
レモン汁　15g

桃の旬の夏にお勧めのレシピです。白桃が手に入らない場合は、黄桃、さらにブリュニョン＊やネクタリン＊で試してみてください（＊ブリュニョン、ネクタリンは、皮に産毛のない桃の種類で、皮ごと食べられる。果肉がしっかりしていて、生でもタルトやコンポートなど加熱しても美味しい）。

クレープ・ペッシュ・ポッシェ／クーリ・ドゥ・フランボワーズ、グラス・ヴァニーユ
桃のポッシェのクレープ、フランボワーズのクーリ、ヴァニラアイスクリーム

1. 桃のポッシェを作る：桃は縦半分に切り、種を取り除く。氷水の中に入れておく。鍋に水、グラニュー糖、白ワイン、レモン汁を入れてひと煮立ちさせる。桃を傷つけないように気をつけながらシロップの中に入れる。アルミホイルなどで落とし蓋をして、弱火で加熱する。加熱時間（15〜30分）は、桃の熟し具合によって変わるが、煮すぎないように注意する。均等に火が通ったかどうか、必ずチェックする。桃はシロップに浸けたまま冷ましておく。冷めたら皮をむく。

2. 熱しておいたクレープ器の鉄板にクレープ生地を流し広げる。クレープ生地が焼けたら、長方形に仕上がるように、生地の周囲をスパチュールで4ヶ所折りたたむ。お皿にフランボワーズのクーリをかけて、その上にクレープをのせる。

3. クレープの上にポッシェした桃をのせ、ヴァニラアイスクリームを添える。

ACCORD PARFAIT

相性のよいシードル

Cidre de Bretagne demi-sec Guillevic des druids de la cidrerie Nicol.

シードル・ドゥ・ブルターニュ・ドゥミ＝セック・ギルヴィック・デ・ドリュイ・ドゥ・ラ・シードルリ・ニコル

ブルターニュ産。中辛口。黄色い果実（黄桃やアプリコット）のしっかりした香り。肉付きのよい風味と長い余韻。

CRÊPE ANANAS CARAMÉLISÉ

CARAMEL À LA LIQUEURCOCO

クレープ・アナナ・キャラメリゼ／キャラメル・ア・ラ・リキュール・ココ
キャラメリゼしたパイナップルのクレープ、ココナッツリキュール風味キャラメル

調理時間：30分
加熱時間：20分
＋2分（クレープ1枚につき）

◇◇◇◇◇◇◇◇◇◇◇◇◇◇◇◇◇

クレープ1枚分

クレープ生地　80g
パイナップルのキャラメリゼ　40g
ココナッツ風味キャラメル　20g

パイナップルのキャラメリゼ

フレッシュパイナップル　250g
　（正味量）
有塩バター　30g
カソナード　50g
ヴァニラ　1本

ココナッツ風味キャラメル
（約400g分）

グラニュー糖　250g
バター　112g
浄水　125ml
ココナッツリキュール　20g
　＝マリブ Maribu＝
生クリーム　40g

ACCORD PARFAIT

相性のよいシードル

Cidre de Bretagne demi-sec de la distillerie du Gorvello.

シードル・ドゥ・ブルターニュ・ドゥミ＝セック・ドゥ・ラ・ディスティルリ・デュ・ゴーヴェッロ

ブルターニュ産。中辛口。軽やかな泡立ち。南国フルーツ、特にパイナップルに似た爽やかな風味。モスカート・ダスティ（イタリアの微発泡ワイン）を彷彿とさせる。

1. パイナップルのキャラメリゼを作る：ヴァニラの莢に、縦の切り込みを入れて割く。パイナップルの果肉を小さい角切りにする。フライパンにバターを溶かし、カソナードを加えて、さらにパイナップルとヴァニラも入れる。パイナップルが香ばしくキャラメリゼされるように、中火で加熱する。

2. ココナッツ風味キャラメルを作る：鍋にグラニュー糖と125mlの水を入れ、火にかけて沸騰させる。琥珀色のキャラメルになるまで煮詰める。火からおろして泡立て器で混ぜながら、生クリームとココナッツリキュールを加える。鍋をゆすりながらバターを入れて乳化させる。

3. 熱しておいたクレープ器の鉄板にクレープ生地を流し広げる。クレープ生地が焼けたら、生地をスパチュールで折りたたみ、お皿にのせる。

4. クレープにパイナップルのキャラメリゼをのせ、ココナッツ風味キャラメルをかける。
（写真は、輪切りにしたパイナップルをキャラメリゼしてクレープと別添えにした盛り付け例）

調理時間：15分
加熱時間：2分
（クレープ1枚につき）

◇◇◇◇◇◇◇◇◇◇◇◇◇◇

クレープ1枚分

クレープ生地　80g
マンダリンバター　20g
マンダリン　1ヶ

マンダリンバター
有塩バター　30g
マンダリンのジャム　50g

マンダリンのゼスト
マンダリンの皮（残ったもの）
グラニュー糖　200g
浄水　100ml

CRÊPE MANDARINE

マンダリンオレンジの皮はやわらく、すりおろしたり、薄くむくのが難しい柑橘です。使う前に、30分程冷凍庫に入れておきます。もちろん、その他の柑橘類、レモン、オレンジ、クレモンティーヌ、ライムなどでも作れます。

クレープ・マンダリン
マンダリンのクレープ

1. **マンダリンバターを作る**：マンダリンのジャムを鍋に入れ、中火で少し煮詰める。サイコロ状に切ったバターを加えて混ぜ合わせる。冷蔵庫に入れておく。

2. マンダリンの皮をピーラーで薄くむく。果肉の周りに付いている白い部分をナイフで削る。房の薄皮と果肉の間にナイフを入れ、果肉を小房に取り分けておく。

3. **マンダリンのゼストを作る**：2で取った皮の内側の白い部分は、ナイフで削ぎ落とし、黄色い皮部分のみを千切りにする。鍋に皮と浸る程度の水を入れて火にかけ、ひと煮立ちしたらザルにあげる。グラニュー糖と水を鍋に入れ、下ゆでした皮を煮る。透き通るくらいに火が通り、ツヤが出てきたらシロップから取り出し、冷ましておく。

4. 熱しておいたクレープ器の鉄板に生地を流し広げる。クレープ生地が焼き上がったら、表面にマンダリンバターを塗る。クレープ生地を折りたたむ。

5. クレープをお皿にのせて、マンダリンのゼストをちらし、小房に取り分けた果肉を飾る。

ACCORD PARFAIT

相性のよいシードル

Cidre brut japonais de Kyoto.

シードル・ブリュット・ジャポネ・ドゥ・キョウト

京都産。辛口。
エキゾティックなフルーティ感、
気泡の繊細さ、
生き生きした爽快感が
印象的なシードル。

調理時間：5分
加熱時間：2分
（クレープ1枚につき）

◇◇◇◇◇◇◇◇◇◇◇◇◇◇◇◇

クレープ1枚分

クレープ生地　80g
イチゴジャム　30g
リュバーブジャム　30g

CRÊPE
CONFITURES
DE FRAISES ET DE RHUBARBE

ジャムとクレープという伝統的な組み合わせのこのレシピには、皆さんが好きなジャムを選んでください。どんなジャムでも美味しくなることは言うまでもありませんが、イチゴとリュバーブの相性は最高です。

クレープ・コンフィチュール・ドゥ・フレーズ・エ・ドゥ・リュバーブ
イチゴとリュバーブジャムのクレープ

1　熱しておいたクレープ器の鉄板にクレープ生地を流し広げる。

2　クレープ生地が焼き上がったら、表面にイチゴとリュバーブのジャムを一緒に塗る。長方形に仕上がるように、生地をスパチュールで折りたたむ。

3　折り目が下になるように、裏返してお皿にのせる。

4　クレープの上にもジャムをのせる。
（写真は、フレッシュのイチゴをのせた盛り付け例）

ACCORD PARFAIT

相性のよいシードル

Cidre de Bretagne doux de Jean-Michel Paris.

シードル・ドゥ・ブルターニュ・ドゥー・ドゥ・ジャン＝ミッシェル・パリ

ブルターニュ産。甘口。
フレッシュリンゴを
丸かじりしたような第一印象。
後味に、より酸味を感じる。

CRÊPES DESSERTS　デザートクレープ

CRÊPE TATIN FLAMBÉE

AU CALVADOS, CASSONADE

調理時間：15分
加熱時間：15分
＋2分（クレープ1枚につき）

クレープ1枚分

クレープ生地　80g
リンゴのキャラメリゼ　1ヶ
カソナード　6g
カルヴァドス　20ml

リンゴのキャラメリゼ

リンゴ　4ヶ
塩バターの　150g
　キャラメルソース

塩バターのキャラメルソース
（約600g分）

グラニュー糖　300g
有塩バター　135g
浄水　150ml
浄水　75ml

クレープ・タタン・フランベ・オ・カルヴァドス、カソナード
クレープ・タタン・フランベ、カルヴァドスとカソナード

1. 塩バターのキャラメルソースを作る：鍋にグラニュー糖と150mlの水を入れて火にかけ、琥珀色のキャラメルになるまで煮詰める。火からおろして、有塩バターを加える。キャラメルのブクブクする泡が消えて落ち着いたら、75mlの水を少しずつ加え、鍋肌に跳ねたキャラメルを落とす。ステンレス製のボウルに移して冷ましておく。バターとキャラメルが分離しないように、時々撹拌する。密閉の保存瓶に入れておく。

2. リンゴのキャラメリゼを作る：リンゴの皮をむいて、8等分のくし形に切り、芯と種を取り除く。熱したフライパンにキャラメルソースを流し入れ、リンゴを加える。中火にして、リンゴがキャラメリゼされるまで加熱する（約15分）。リンゴの中まで均等に火が通るように、途中でフライパンを数回ゆり動かし、リンゴの向きを変える。

3. 熱しておいたクレープ器の鉄板にクレープ生地を流し広げる。クレープ生地が焼けたら、長方形に仕上がるように、生地をスパチュールで折りたたみ、お皿にのせる。クレープにカソナードをふりかける。

4. 小さい鍋にカルヴァドスを入れ、火にかけて温める。アルコールにマッチで引火させ、クレープの上から流してフランベする。キャラメリゼしたリンゴをのせる。

ACCORD PARFAIT

相性のよいシードル

*Cidre de Normandie
domaine de
La Galotière demi-sec.*

シードル・ドゥ・ノルマンディー・
ドメーヌ・ドゥ・
ラ・ガロティエール・ドゥミ＝セック

ノルマンディー産。中辛口。
果実味がしっかりして、
コクがある。
過熟したリンゴの風味と
クリーミーな泡立ち。

調理時間：5分
加熱時間：2分
（クレープ1枚につき）

◇◇◇◇◇◇◇◇◇◇◇◇◇◇◇

クレープ1枚分

クレープ生地　80g
ゆず風味ソース　40g
ブルターニュのトリプルセック*
　20ml
ゆずの皮〔すりおろす〕

ゆず風味ソース

ゆず果汁　20ml
オレンジ果汁　60ml
グラニュー糖　40g
グラン・マルニエ　20ml
　=Grand Marnier=
バター　20g

＊ブルターニュのトリプルセック
　〔triple sec breton〕
　ホワイトキュラソー。
　「3倍ドライ」という名前の通り、
　キュラソーの中でも、
　甘味の少ないオレンジリキュール。

CRÊPE SUZETTE

SAUCE AU YUZU, TRIPLE SEC BRETON

ゆずは冬の果物ですが、今では一年中取り扱いがあり、いつでも手に入れることが可能になりました。外国では、日本食材を扱うお店で購入することが出来ます。

クレープ・シュゼット／ソース・オ・ユズ、トリプル・セック・ブルトン
クレープ・シュゼット、ゆず風味ソースとブルターニュのトリプルセック

1　ゆず風味ソースを作る：小さめの鍋にゆず果汁とオレンジ果汁、グラニュー糖を入れ、中火にかけて煮詰める。液体が半分量まで煮詰まったら、グラン・マルニエを加える。シロップ状になるまでさらに煮詰める。火からおろして、鍋をゆすりながらバターを加え、ソースに乳化させる。

2　熱しておいたクレープ器の鉄板にクレープ生地を流し広げる。クレープ生地が焼けたら、スパチュールで2つに折り、半分に切り分ける。お皿の上に、生地が少し重なるようにのせる。

3　クレープにゆず風味ソースをかけ、生地にたっぷり染み込ませる。

4　すりおろしたゆずの皮をクレープにちらす。

5　小さい鍋にトリプル・セックを入れ、火にかけて温める。マッチで引火させて、クレープの上に流してフランベする。

ACCORD PARFAIT

相性のよいシードル

*Cidre de Suisse
demi-sec La Transparente
de Jaques Perritaz.*

シードル・ドゥ・スイス・
ドゥミ＝セック・ラ・トランスパロン・
ドゥ・ジャック・ペリタ

スイス産。中辛口。
エレガントで、白い果肉の
フルーツ（白桃や洋梨）の
風味と絶妙に調和した
ミネラル感がある。

AUMÔNIÈRE FRUITS ROUGES

FROMAGE BLANC, CHANTILLY, CONFITURE DE FRAMBOISES

調理時間：5分
加熱時間：2分
（クレープ1枚につき）

◇◇◇◇◇◇◇◇◇◇◇◇◇◇◇◇

クレープ1枚分

クレープ生地　80g
フロマージュ・ブラン　30g
　[軽く甘味をつけたもの]
フランボワーズジャム　20g
クレーム・シャンティイー　30g
　[生クリームを泡立てる]
ヴァニラの莢　1本
　[棒状に切ったもの]
ベリー類　70g

ベリー類（クレープ10枚分）

フランボワーズ　15g
イチゴ　20g
ブルーベリー　10g
グロゼイユ（赤スグリ）　8g
サクランボ　15g
ピスタチオ　2g
　[粗く刻む]
フレッシュミントの葉　少々
　[細かく刻む]

オーモニエール・フリュイ・ルージュ／
フロマージュ・ブラン、シャンティイー、コンフィチュール・ドゥ・フランボワーズ

ベリーのオーモニエール、フロマージュ・ブラン、クレーム・シャンティイー、フランボワーズジャム

1 ベリー類の準備をする：フルーツ類を水洗いして、水気を切る。イチゴのヘタを取り、サイズに応じて食べやすい大きさに切る。グロゼイユは枝から実を摘み取る。サクランボは種抜きで種を取る。ボウルの中にすべてのフルーツを入れ、刻んだピスタチオとミントの葉を加え混ぜる。

2 熱しておいたクレープ器の鉄板にクレープ生地を流し広げる。クレープ生地が焼けたら、お皿にのせる。

3 クレープ生地の中央にフロマージュ・ブランを置いて、フランボワーズジャムをのせる。クレーム・シャンティイーも加える。周囲の生地を持ち上げて、ひだを寄せるようにまとめて茶巾包みにする。

4 ひだ部分をヴァニラの莢で結ぶ。

5 クレープの周りに下準備したベリー類を添えて飾る。

ACCORD PARFAIT

相性のよいシードル

Moelleux de pommes de Bretagne Fleur de cidre de la distillerie du Gorvello.

モワルー・ドゥ・ポム・ドゥ・ブルターニュ・フルール・ドゥ・シードル・ドゥ・ラ・ディスティルリ・デュ・ゴーヴェッロ

ブルターニュ産。
アイスシードル（自然凍結させたリンゴから作るお酒）に似た、無発泡タイプ。
味が凝縮したリンゴのネクターは、赤い果実の酸味との相性が抜群。

ANNEXES

付録

TABLE DES RECETTES   172
レシピ一覧表

INDEX DES RECETTES   175
日本語名レシピ索引

INDEX DES PRODUITS   177
食材索引

ÉPILOGUE   178
エピローグ

MOT DE L'AUTEUR   180
著者からのひと言

REMERCIEMENTS   181
感謝

BAIE DU MONT SAINT-MICHEL
モン・サン=ミッシェル湾

TABLE DES RECETTES

レシピ一覧表

Pâte à galettes　ガレット生地　40

Pâte à crêpes　クレープ生地　42

Entrées 前菜

Soupe de sarrasin　ソバの実のスープ　47

Breizh croustillant, galette sèche(kraz), crème de tofu au sésame blanc　48
ブルターニュ風パリパリガレット、白ゴマ風味の豆腐クリーム

Galette roulée apéro, saumon fumé, citron, ciboulette　51
ガレットロール・アペロ、スモークサーモンとレモン、シブレット風味

Galette roulée apéro, beurre de sardine, citron　52
ガレットロール・アペロ、サーディンバターとレモン風味

Galette roulée apéro, andouille, beurre de moutarde　55
ガレットロール・アペロ、アンドゥイユとマスタードバター

Galette brochette apéro, saucisse, huîtres de Cancale　56
ガレットブロシェット・アペロ、ソーセージとカンカル産牡蠣

Amuse-galette®, chorizo beurre Bordier　アミューズガレット、チョリゾとボルディエバター　59

Amuse-galette®, crabe et beurre Bordier　アミューズガレット、カニとボルディエバター　60

Amuse-galette®, bleu d'auvergne, miel de la pointe du Grouin et noix　63
アミューズガレット、オーヴェルニュ産ブルーチーズ、グルーアン岬のハチミツ、クルミ

Amuse-galette®, asperges vertes, jambon basque　64
アミューズガレット、グリーンアスパラガスとバスク産生ハム

Amuse-galette®, crème de chou-fleur et caviar　アミューズガレット、カリフラワーのクリームとキャビア　67

Breizh roll®, artichaut, algue wakame　ブレッツロール、アーティチョークとワカメ　68

Breizh roll®, confit d'oignons de Roscoff au cidre, beurre Bordier　71
ブレッツロール、シードル風味のロスコフ・オニオンコンフィとボルディエバター

Breizh roll®, tartare de chèvre aux herbes　ブレッツロール、ハーブ入りシェーヴルチーズのタルタル　72

Breizh roll®, camembert, confiture de figues et miel de fleurs　75
ブレッツロール、カマンベール、いちじくジャム、百花蜜

Galettes de sarrasin ソバ粉のガレット

Galette complète œuf, jambon blanc, fromage ガレット・コンプレット、卵、ハム、チーズ 79

Galette beurre Bordier demi-sel, ou aux algues, ou au piment d'Espelette 80
ガレット・ブール・ボルディエ、有塩バター、または海藻入り有塩バター、またはピマン・デスペレット入り有塩バター

Galette sèche au lait ribot パリパリガレットとレ・リボ 83

Galette Curé nantais, pruneaux, chouchen, noix 84
キュレ・ナンテのガレット、ドライプルーン、ハチミツ酒、クルミ

Galette champignons, beurre d'ail, bulots et blettes 87
マッシュルームのガレット、ガーリックバター、ツブ貝、フダン草

Galette épinards, œuf miroir, fromage râpé ホウレン草のガレット、目玉焼きとチーズ 88

Galette asperges, pois mange-tout, magret de canard fumé de Cherrueix 91
アスパラガスのガレット、サヤインゲンとマグレ・ド・カナールの燻製

Galette artichaut, jambon cru, beurre Bordier アーティチョークのガレット、生ハムとボルディエバター 92

Galette andouille, confit d'oignons au cidre, œuf, crème de moutarde 95
アンドゥイユのガレット、シードル風味のオニオンコンフィ、卵、マスタードクリーム

Galette 3 andouilles, comté, salade de roquette 96
3種のアンドゥイユのガレット、コンテチーズとルッコラのサラダ

Galette lard de ferme, pommes, sauce pommeau 農場手作りベーコンのガレット、リンゴとポモーのソース 99

Galette sicilienne, tomate, mozzarella, basilic シシリア風ガレット、トマト、モッツァレラ、バジリコ 100

Galette aubergine, comté, poudre de curry ナスのガレット、コンテチーズとカレーパウダー 103

Galette saumon fumé, ikura, crème fraîche, aneth 104
スモークサーモンのガレット、イクラ、フレッシュクリーム、ディル

Galette brandade de morue, andouille, salade verte 107
塩鱈のブランダードのガレット、アンドゥイユとグリーンサラダ

Galette millefeuille, sardine, tomate, oignon, persil 108
ガレットのミルフィーユ、イワシ、トマト、タマネギ、パセリ

Galette langoustines, fenouil, orange, gingembre 111
ラングスティーヌのガレット、フェンネル、オレンジとジンジャーのソース

Galette homard, fruits de mer, sauce bisque オマールエビのガレット、海の幸とビスクソース 112

Galette huîtres, poitrine fumée, petits pois 牡蠣のガレット、ベーコンとグリーンピース 115

Galette crevettes, fèves, sauce curry corsaire エビのガレット、そら豆とコルセール風カレーソース 116

Galette moules de bouchot, sauce au cidre et au curcuma 119
ムール貝のガレット、ターメリック風味のシードルソース

Galette hareng fumé, pommes de terre de Saint-Malo 燻製ニシンのガレット、サン＝マロ産のジャガイモ 120

Poisson en croûte de sarrasin, sauce beurre blanc au cidre **123**
魚のソバ粉クルート包み、シードル風味のバターソース

Galette saucisse pommes de terre, champignons ソーセージのガレット、ジャガイモとマッシュルーム **124**

Galette légumes de printemps, saint-jacques, poitrine fumée, beurre de persil **127**
春野菜のガレット、ホタテ、ベーコン、パセリバター

Galette poitrine de porc, pommes de terre, champignons et vinaigre d'érable **128**
豚バラのガレット、ジャガイモ、マッシュルーム、メープルヴィネガー

Galette foie gras, figue sèche et chouchen フォワ・グラのガレット、干しいちじくとハチミツ酒 **131**

Galette boudin de ferme, pommes et sauce celtique **132**
農場手作りブーダンのガレット、リンゴとケルト風ソース

Galette poulet, pomme et sauce au cidre 鶏肉のガレット、リンゴとシードル風味のソース **135**

Crêpes desserts デザート クレープ

Amuse-crêpe®, mousse au chocolat blanc et au thé matcha, fraises **139**
アミューズクレープ、抹茶風味のホワイトチョコレートムースとイチゴ

Amuse-crêpe®, chocolat, caramel, gingembre アミューズクレープ、チョコレートとジンジャー風味キャラメル **140**

Galette pommes caramélisées, caramel au beurre salé, cannelle et glace vanille **143**
リンゴのキャラメリゼのガレット、シナモン風味キャラメルブールサレとヴァニラアイスクリーム

Galette sarrasin, miel, glace, graines soufflées ソバ粉のガレット、ハチミツ、アイスクリーム、ソバの実のスフレ **144**

Crêpe sucre roux, beurre Bordier 砂糖のクレープ、ボルディエバター **147**

Crêpe citron, miel de pommier レモンのクレープ、リンゴの花のハチミツ **148**

Crêpe banane, sauce caramel au rhum バナナのクレープ、ラム風味のキャラメルソース **151**

Crêpe citron, crème de citron et zestes レモンのクレープ、レモンクリームとレモンピール **152**

Crêpe poire, vin blanc, chocolat, amandes 洋梨の白ワイン煮のクレープ、チョコレートとアーモンド **155**

Crêpe pêche pochée, coulis de framboises, glace vanille **156**
桃のポッシェのクレープ、フランボワーズのクーリ、ヴァニラアイスクリーム

Crêpe ananas caramélisé, caramel à la liqueur coco **159**
キャラメリゼしたパイナップルのクレープ、ココナッツリキュール風味キャラメル

Crêpe mandarine マンダリンのクレープ **160**

Crêpe confitures de fraises et de rhubarbe イチゴとリュバーブジャムのクレープ **163**

Crêpe Tatin flambée au calvados, cassonade クレープ・タタン・フランベ、カルヴァドスとカソナード **164**

Crêpe suzette sauce au yuzu, triple sec breton **167**
クレープ・シュゼット、ゆず風味ソースとブルターニュのトリプルセック

Aumônière fruits rouges, fromage blanc, chantilly, confiture de framboises **168**
ベリーのオーモニエール、フロマージュ・ブラン、クレーム・シャンティイー、フランボワーズジャム

INDEX DES RECETTES

日本語名レシピ索引

ア
アスパラガスのガレット、サヤインゲンとマグレ・ド・カナールの燻製　91
アーティチョークのガレット、生ハムとボルディエバター　92
アミューズガレット、オーヴェルニュ産ブルーチーズ、グルーアン岬のハチミツ、クルミ　63
アミューズガレット、カニとボルディエバター　60
アミューズガレット、カリフラワーのクリームとキャビア　67
アミューズガレット、グリーンアスパラガスとバスク産生ハム　64
アミューズガレット、チョリゾとボルディエバター　59
アミューズクレープ、チョコレートとジンジャー風味キャラメル　140
アミューズクレープ、抹茶風味のホワイトチョコレートムースとイチゴ　139
アンドゥイユのガレット、シードル風味のオニオンコンフィ、卵、マスタードクリーム　95
イチゴとリュバーブジャムのクレープ　163
エビのガレット、そら豆とコルセール風カレーソース　116
オマールエビのガレット、海の幸とビスクソース　112

カ
牡蠣のガレット、ベーコンとグリーンピース　115
ガレット生地　40
ガレット・コンプレット、卵、ハム、チーズ　79
ガレットのミルフィーユ、イワシ、トマト、タマネギ、パセリ　108
ガレット・ブール・ボルディエ、有塩バター、または海藻入り有塩バター、またはピマン・デスペレット入り有塩バター　80
ガレットロール・アペロ、アンドゥイユとマスタードバター　55
ガレットロール・アペロ、サーディンバターとレモン風味　52
ガレットロール・アペロ、スモークサーモンとレモン、シブレット風味　51
ガレットプロシェット・アペロ、ソーセージとカンカル産牡蠣　56
キャラメリゼしたパイナップルのクレープ、ココナッツリキュール風味キャラメル　159
キュレ・ナンテのガレット、ドライプルーン、ハチミツ酒、クルミ　84
クレープ生地　42
クレープ・シュゼット、ゆず風味ソースとブルターニュのトリプルセック　167
クレープ・タタン・フランベ、カルヴァドスとカソナード　164
燻製ニシンのガレット、サン＝マロ産のジャガイモ　120

サ
魚のソバ粉クルート包み、シードル風味のバターソース　123
砂糖のクレープ、ボルディエバター　147
3種のアンドゥイユのガレット、コンテチーズとルッコラのサラダ　96
塩鱈のブランダードのガレット、アンドゥイユとグリーンサラダ　107
シシリア風ガレット、トマト、モッツァレラ、バジリコ　100

スモークサーモンのガレット、イクラ、フレッシュクリーム、ディル　104
ソバ粉のガレット、ハチミツ、アイスクリーム、ソバの実のスフレ　144
ソーセージのガレット、ジャガイモとマッシュルーム　124
ソバの実のスープ　47

タ

鶏肉のガレット、リンゴとシードル風味のソース　135

ナ

ナスのガレット、コンテチーズとカレーパウダー　103
農場手作りベーコンのガレット、リンゴとポモーのソース　99
農場手作りブーダンのガレット、リンゴとケルト風ソース　132

ハ

バナナのクレープ、ラム風味のキャラメルソース　151
パリパリガレットとレ・リボ　83
春野菜のガレット、ホタテ、ベーコン、パセリバター　127
豚バラのガレット、ジャガイモ、マッシュルーム、メープルヴィネガー　128
ブルターニュ風パリパリガレット、白ゴマ風味の豆腐クリーム　48
ブレッツロール、アーティチョークとワカメ　68
ブレッツロール、カマンベール、いちじくジャム、百花蜜　75
ブレッツロール、ハーブ入りシェーヴルチーズのタルタル　72
ブレッツロール、シードル風味のロスコフ・オニオンコンフィとボルディエバター　71
フォワ・グラのガレット、干しいちじくとハチミツ酒　131
ベリーのオーモニエール、フロマージュ・ブラン、クレーム・シャンティイー、フランボワーズジャム　168
ホウレン草のガレット、目玉焼きとチーズ　88

マ

マッシュルームのガレット、ガーリックバター、ツブ貝、フダン草　87
マンダリンのクレープ　160
ムール貝のガレット、ターメリック風味のシードルソース　119
桃のポッシェのクレープ、フランボワーズのクーリ、ヴァニラアイスクリーム　156

ヤ

洋梨の白ワイン煮のクレープ、チョコレートとアーモンド　155

ラ

ラングスティーヌのガレット、フェンネル、オレンジとジンジャーのソース　111
リンゴのキャラメリゼのガレット、シナモン風味キャラメルブールサレとヴァニラアイスクリーム　143
レモンのクレープ、リンゴの花のハチミツ　148
レモンのクレープ、レモンクリームとレモンピール　152

INDEX DES PRODUITS

食材索引

ア

- アサリ貝 112
- アスパラガス 64, 91
- アーティチョーク 68, 92
- アーモンド 155
- アンドゥイユ 55, 95, 96, 107
- イクラ 104
- イチゴ 139, 168
- イチゴジャム 163
- いちじくジャム 75
- イワシ 108
- エビ 112, 116
- オマールエビ 112
- オレンジ 111, 132, 155, 167

カ

- 牡蠣 56, 115
- カニ 60, 112
- カマンベール（チーズ）75
- カリフラワー 67
- カルヴァドス 164
- カレースパイス 116
- カレーパウダー 103
- キャビア 67
- キュレ・ナンテ（チーズ）84
- グラン・マルニエ 42, 167
- グリュイエール（チーズ）91, 95, 116
- グリーンピース 115, 127
- クルミ 63, 84
- クレーム・エペス 48, 104, 119, 120, 123
- クレーム・ドゥーブル 95
- グロゼイユ（赤スグリ）168
- ココナッツリキュール（マリブ）159
- コンテ（チーズ）55, 56, 68, 71, 79, 88, 96, 103, 107, 127, 128, 135

サ

- サクランボ 168
- サーディン（缶詰）52
- サヤインゲン 91
- サリコルヌ（アッケシソウ）111
- シイタケ 123, 135
- シェーヴルチーズ 72
- 塩鱈 107
- ジャガイモ 99, 107, 120, 123, 124
- ジャンボン・ブラン（ハム）79
- シュシェン（ハチミツ酒）84, 131
- ショウガ 111, 140
- 白練りゴマ 48
- ズッキーニ 119
- スモークサーモン 51, 104
- ソーセージ 56, 124
- ソバの実 47, 144
- そら豆 116

タ

- ダークチョコレート 140, 155
- 卵 42, 79, 88, 92, 95, 152
- タマネギ 71, 95, 108, 123, 128
- チョリゾ（ソーセージ）59
- ツブ貝 87
- 豆腐 48
- トマト 100, 108, 116
- ドライプルーン 84
- 鶏肉 135
- トリプル・セック・ブルトン（リキュール）167

ナ

- ナス 103
- 生ハム（バスク産）64, 92
- 農場手作りブーダン 132
- 農場手作りベーコン 99
- ニシン（燻製）120
- ニシンの卵のキャビア 120

ハ

- パイナップル 159
- バジリコ 100
- バター（ボルディエバター）48, 51, 55, 59, 60, 71, 75, 79, 80, 92, 100, 104, 147, 152
- ハチミツ 63, 75, 111, 148, 155
- バナナ 151
- 挽き割り小麦（ブルグル）123
- ピスタチオ 168
- ピマン・デスペレット 80
- 豚バラ肉（塩漬け）128
- フェンネル 111, 127
- フォワ・グラ 131
- フダン草 87
- プティサヴォワイヤー（チーズ）55, 56, 59, 64, 68, 71, 88, 92, 96, 107, 127, 128, 135
- フランボワーズ 168
- フランボワーズジャム 168
- ブルーチーズ（オーヴェルニュ産）63
- ブルーベリー 168
- フロマージュ・ブラン 168
- ベーコン 47, 67, 115, 123, 127
- ホウレン草 88
- 干しいちじく 131
- ホタテの身 112, 127
- ポモー（リンゴのお酒）99
- ポロネギ 47
- ホワイトチョコレート 139

マ

- マグレ・ド・カナール（燻製）91
- マッシュルーム 87, 123, 124, 128
- マンダリン 160
- ムール貝 119
- 紫ジャガイモ 128
- モッツァレラチーズ 100
- 桃 156

ヤ

- 洋梨 155
- ゆず 167

ラ

- ラクレットチーズ 124
- ラム 151
- ラングスティーヌ 111
- リュバーブジャム 163
- リンゴ 99, 123, 132, 135, 143, 164
- ルッコラ 96, 99
- レモン 132, 148, 152, 156
- レ・リボ 83

ワ

- ワカメ 68, 115

ÉPILOGUE

エピローグ

　1995年に初めて日本に来て仕事をしたのは、原宿のかつての名店「オーバカナル」です。才能あるシェフとギャルソンたちの個性が光り、芸術家や各界で活躍する東京人たちに愛されたブラッスリーは、まさにバッカスの神が宿っているような賑わいでした。堅苦しい高級フランス料理店から「コンビビアル」なフレンチへという潮流、身近な食材を活かしたメニューも用意された「予算に合わせ誰でも楽しめる料理店へ」といううねり。「フランス料理は日本でデモクラシーの時代を迎えた」と感じました。そんな時代の躍動を作った岡秀行さんの仕事を尊敬し、とても感謝しています。

　原宿ではまた、オシャレな女の子たちが歩きながら食べるキッチュなクレープにも出会いました。ブルターニュでは主食なのに…と、そこで郷土料理のガレットに対する熱い思いが募ってしまいます。住んでいた神楽坂では、当時は高層建物もなくホッとする町の風情があり、商店街には専門店が揃い、その頃は少なかった飲食店も美味しい店ばかり。こんな佇まいの町で本物のクレープリーを開きたい、と不動産屋さんを訪ねました。すると、「夫婦でベビーカーを押しながら来てくれて、子育てしながらこの町に住んで、2人が店をやってくれるならいいね。町が賑やかになるような店を作ってほしい」と歓迎され、大家さんに推薦していただけたという幸運。神楽坂の長老、福井清一さん親子との出会いはかけがえのないものでした。

　開店するとすぐに地元の皆様が次々に、お客様を誘って来てくれました。開店当初からずっと地元の皆様に支えられていることにとても感謝しています。

　皆様のご愛顧のおかげで、日本でもソバ粉のガレット、キャラメルブールサレを始めとする塩味スイーツ、シードルが小さなブームになって、国産シードルも次々作られるようになりました。シードルが2014年にフランスの文化遺産に指定されたのは、日本の皆様からの高い評価があったからです。ソバもフランスで価値を見直す動きが起こり、私たちもブルターニュでソバ畑を増やす活動を始めたところです。

　「その土地で伝統的に作られ続けてきたものには、何世紀にも渡って磨き抜かれた技と愛されてきた理由があります」

　私たちのこのスピリットに共感してくださるのは、日本の郷土料理や伝統の食文化を大切にする方々だからこそ、と思います。皆様のご来店と暖かい励ましのおかげで店舗も増やすことが出来、自家製レシピの開発やスタッフ研修を充実させられるようになりました。クレープ職人の国家資格を取得できる学校も、今まさにフランスに設立されようとし、伝統料理の継承へと着実に進んでいます。

　この本には、ブルターニュの家庭に伝わるレシピの他、新素材と季節メニューの開発を長年続けてきた川島亮二をはじめ、チーム全員の知恵と工夫が詰まっています。皆様の心暖まる食卓に、ぜひお役立てください。

感謝をこめて
ル・ブルターニュ代表　ベルトラン　ラーシェ

開店当時、ご近所の皆様と

ル・ブルターニュ神楽坂店

開店以来、100名近いクレープ職人が育ち、
宿願だったクレーピエの国家資格もフランスに誕生することになりました。
ブレッツカフェはそうしたクレーピエ養成学校を支援しています。

http://breizhcafe.com/fr/ecole-creperie-formation-crepier/

LE TRISKELL

「トリスケル」と呼び大地、火、海を表し、ケルトのシンボルとなっています。太陽や「永遠の動き」の象徴とも言われています。

LE DRAPEAU BRETON

1923年に定められたブルターニュ地方の旗。黒と白の縞は、かつてブルターニュを二分していたブルターニュの国々を表しています。

L'HERMINE

清廉潔白の象徴だった白いエルミン（冬毛のオコジョ）の黒い尻尾がブルターニュ公国の紋章でした。

ÉPILOGUE エピローグ

MOT DE L'AUTEUR

著者からのひと言

2011年3月11日、私や友人たちの人生が大きく変わってしまったあの未曾有の出来事を、決して忘れることはありません。

福島や仙台周辺一帯の地域は、野菜栽培、牧畜、漁業、牡蠣の養殖が盛んで、農業や畜産業に適した土地、私のふるさとであるブルターニュに似ているところがあります。

原子力発電による被害で、すべてを失った農業や畜産業の従事者には、あまりにも不公平な出来事です。すべて復興するのにいったいどれだけの年月がかかるのでしょうか？

被災したこの地域のすべての子供たちが、将来働く希望を持ち、生まれた土地でしっかり生活が出来るように、そして財政が立ち直るまで見守り続けたいと思います。
その援助として、この本の印税を東日本大震災こども未来基金へ送ることにしました。

Je n'oublierai jamais cette journée apocalyptique du 11 mars 2011, qui a bouleversé ma vie et celle de mes proches.

Cette région autour de Fukushima et Sendai peut être comparée à notre pays de Bretagne par sa vocation agricole : cultures maraîchères, élevage, pêche, ostréiculture...

Il est trop injuste que des paysans perdent tout à cause d'un accident nucléaire. Combien d'années faudra-t-il pour tout reconstruire ?

Je voudrais que tous les jeunes orphelins de cette région sinistrée conservent l'espoir de travailler et de bien vivre dans leur région, et de rebâtir leur patrimoine. Pour les aider, j'ai voulu reverser les droits d'auteur de cet ouvrage au profit de l'association Higashi Nihon Daishinsai Kodomo Mirai Kikin.

REMERCIEMENTS

感 謝

いつも寄り添い、励ましてくれる私の大切な家族へ、

ブレッツカフェに足を運び、私たちを支えてくださるお客様へ、

そして、日本とフランスの協力者である大切なスタッフへ、

心から感謝を捧げます。

À *ma chère famille* pour leur encouragement et accompagnement au quotidien.

Aux *fidèles clients* de Breizh Café qui nous soutiennent...

À nos *précieux collaborateurs*, au Japon comme en France.

BAIE DU MONT SAINT-MICHEL
モン・サン=ミッシェル湾

世界七大景観のひとつでもある、
素晴らしい場所。

POINTE DU GROUIN
グルーアン岬

ありのままの自然と
深い入江、
独特な種類の植物、
グルーアン岬は、最高に幻想的な
海の眺めを見せてくれる。

SAINT-MALO
サン＝マロ

子供の頃から住んでみたいと夢みた町。
そして、今、フランスに滞在する時、
生活をしている場所である。
墨筆で、ひと筋の線を描いたような
黒い島が地平線に浮かぶ。
それはまるで、壮大な日本庭園（禅寺）を
思い起こす景色。

MOULIN DE LA FATIGUE
製粉機 (写真上、右下)

祖父から受け継いだ
昔ながらの製法でソバの実を挽いてくれる。
キャトリーヌに感謝!

TSUKIJI, TOKYO
東京の築地 (写真右)

東京で、私のお気に入りの市場。
鮮魚や新鮮な食材を提供してくれる場所。
市場と言うよりはむしろ、
都会の中の、あるひとつの〝町〟。

BREIZH CAFE
ブレッツ カフェ

初版印刷	2016年2月1日
初版発行	2016年2月15日

著者Ⓒ	ベルトラン ラーシェ
訳者	千住麻里子

発行者　土肥大介
発行所　株式会社柴田書店
　　　　〒113-8477 東京都文京区湯島3-26-9 イヤサカビル
　　　　営業部　　03-5816-8282（注文・問合せ）
　　　　書籍編集部 03-5816-8260
　　　　URL　http://www.shibatashoten.co.jp

日本語版デザイン　筒井英子
印刷・製本　凸版印刷 株式会社
ISBN 978-4-388-06228-7

本書収録内容の無断掲載・転写（コピー）・引用・データ配信などの行為は固く禁じます。
落丁、乱丁はお取替えいたします。
Printed in Japan

Photogravure : APS
Achevé d'imprimer en octobre 2014
sur les presses de l'imprimerie Pollina
Dépôt légal : Octobre 2014

Imprimé en France